他们影响了中国
共和国75位科学家的故事（二）

莫问天心　著

文心出版社
·郑州·

图书在版编目（CIP）数据

他们影响了中国：共和国 75 位科学家的故事．二 / 莫问天心著．— 郑州：文心出版社，2023.10
ISBN 978-7-5510-2784-7

Ⅰ．①他… Ⅱ．①莫… Ⅲ．①科学家 - 生平事迹 - 中国 - 现代 - 少儿读物 Ⅳ．① K826.1-49

中国国家版本馆 CIP 数据核字 (2023) 第 113123 号

他们影响了中国：共和国 75 位科学家的故事（二）
TAMEN YINGXIANGLE ZHONGGUO: GONGHEGUO 75WEI KEXUEJIA DE GUSHI（ER）

出版人	田明旺	责任校对	邱真真
项目统筹	马 达	美术编辑	左清敏
选题策划	栗军芬	封面设计	陆春美
执行策划	王 莹	插 画	胖月 南塘秋
责任编辑	王 莹 陈玉敏	书籍设计	力源设计

出　　版	文心出版社
	（地址：郑州市郑东新区祥盛街 27 号　邮政编码：450016）
发　　行	新华书店
印　　刷	河南省广电传媒印务有限公司
版　　次	2023 年 10 月第 1 版
印　　次	2023 年 10 月第 1 次印刷
开　　本	787 毫米 ×1092 毫米　1/16
印　　张	14
字　　数	160 千字
书　　号	ISBN 978-7-5510-2784-7
定　　价	49.80 元

如发现印、装质量问题，请与印刷厂联系调换。　电话：0371—60609319
（注：书中部分地名或学校名称遵循当时叫法，不再一一标注今日叫法。）

目 录

1 / 侯德榜：为中国化工插上翅膀

7 / 孙恩麐：培育最美的花

13 / 熊庆来：桃李春风伴此生

18 / 茅以升：成了一座桥

24 / 吴有训：物理会记住他

30 / 严济慈：照亮前路的光

35 / 张钰哲：胸怀星辰

41 / 吴学周：化学领域大写的名字

46 / 贝时璋：要为国家争气

51 / 郑作新：鸟儿对他说声谢谢

57 / 郭永怀：天空上闪亮的星

63 / 谈家桢：探寻生命密码

69 / 鲍文奎：为老百姓吃饱肚子做些事

75 / 吴征镒：能听懂植物的语言

81 / 黄纬禄：用导弹强大中国

86 / 吴阶平：大医有大爱

92 / 刘东生：名字镌刻在大地上

98 / 李　佩：她是传奇

104 / 陈学俊：走了一条长长的路

109 / 吴文俊：一直热爱着

115 / 杨嘉墀：天空记载他的梦想

121 / 黄　昆：为了中国的半导体

126 / 谢家麟：加速——中国科技

132 / 黄翠芬：毕生所学为国为军

138 / 王希季：志在星辰大海

144 / 吴孟超：医者仁心

150 / 姚桐斌：奇才天纵英名隐

155 / 徐一戎：种出了好大米

161 / 吴明珠：给生活加点儿甜

167 / 李振声：麦子为他歌唱

173 / 蒋新松：他与大海同在

179 / 彭一刚：最永恒的建筑

185 / 陈　瑛：为谷子而来

191 / 欧阳自远：你好啊月亮

197 / 钱七虎：守护地下长城

203 / 南仁东：看到宇宙的尽头

209 / 秦大河：冰川就在那里

创作手记

215 / 星星在闪着光 / 莫问天心

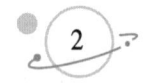

侯德榜：为中国化工插上翅膀

挂车攻读
是他小时候的美名
千分才子
是他长大后的盛誉
仿佛从生命之初
就奔着科学而来

他为中国的化学工业
插上翅膀

一袋袋雪白的纯碱里
含着他火红的心

他从未远走
他的精神一直都在
无数的后来人
正在他走过的路上
大步前进

水车记得

香喷喷的大包子怎么才能做得好吃呢？对啦，发好面之后放上一点儿碱面揉匀，蒸熟后就会起得又暄又软。

中国有着悠久的用碱历史，但在自然界获取碱的数量有限，近代工业迅猛发展时，无法满足需求。不但蒸包子要用到碱，制造肥皂也要用碱，甚至冶金、造纸、军工等，都要用到碱。

与人民的生活息息相关、与国防工业紧密相连的纯碱，在100多年前，中国人自己造不出来。比利时的索尔维发明了氨碱法后，申请专利并创办公司生产，与英、法等国联合制定并严格执行保密措施，其他国家休想打破制碱技术垄断。

直到有一天，一个叫侯德榜的人，打破了这种局面。

1890 年，侯德榜出生在福建闽侯。穷人的孩子早当家，侯德榜也是如此，小小年纪就帮家里做事了。但他从没懈怠学习，抓住一切可以抓住的时间读书。

南方有种农用器具叫水车，侯德榜小时候常常要去车水。他的脚不停地踩着水车，口中却不停地背着书。十里八乡都知道侯家有个特别爱读书的小孩，用他的行为来勉励自己家的孩子。而时光就像水车车水一样，源源不断地把知识送入他的大脑中。

疼爱他的姑姑不忍他中断学业，就出钱送他去上学。侯德榜非常珍惜这求学的机会，顺利考入英华书院。在这里，他打开了进入科学世界的大门。

1911 年，侯德榜考入清华留美预备学堂，之后更是考出了 10 门功课均为满分的成绩，得到了"千分才子"的美誉。1913 年，侯德榜进入美国麻省理工学院学习，4 年后获得化学专业的学士学位。

1918 年，侯德榜去哥伦比亚大学研究院研究制革，依然是拼命三郎式学习，第二年就获得了硕士学位，3 年后获得博士学位。他的博士论文《铁盐鞣革》在《美国制革化学师协会会刊》全文连载后，至今仍被制革界广泛引用。

纯碱记得

侯德榜有如此成就，离不开两位伯乐——化学家陈调甫和爱国实业家范旭东。1921 年，侯德榜博士毕业之际，经陈调甫引荐，范旭东来信邀请他毕业后到永利制碱公司工作，这也促成了永利制碱公司的发展壮大。

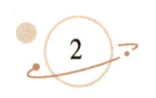

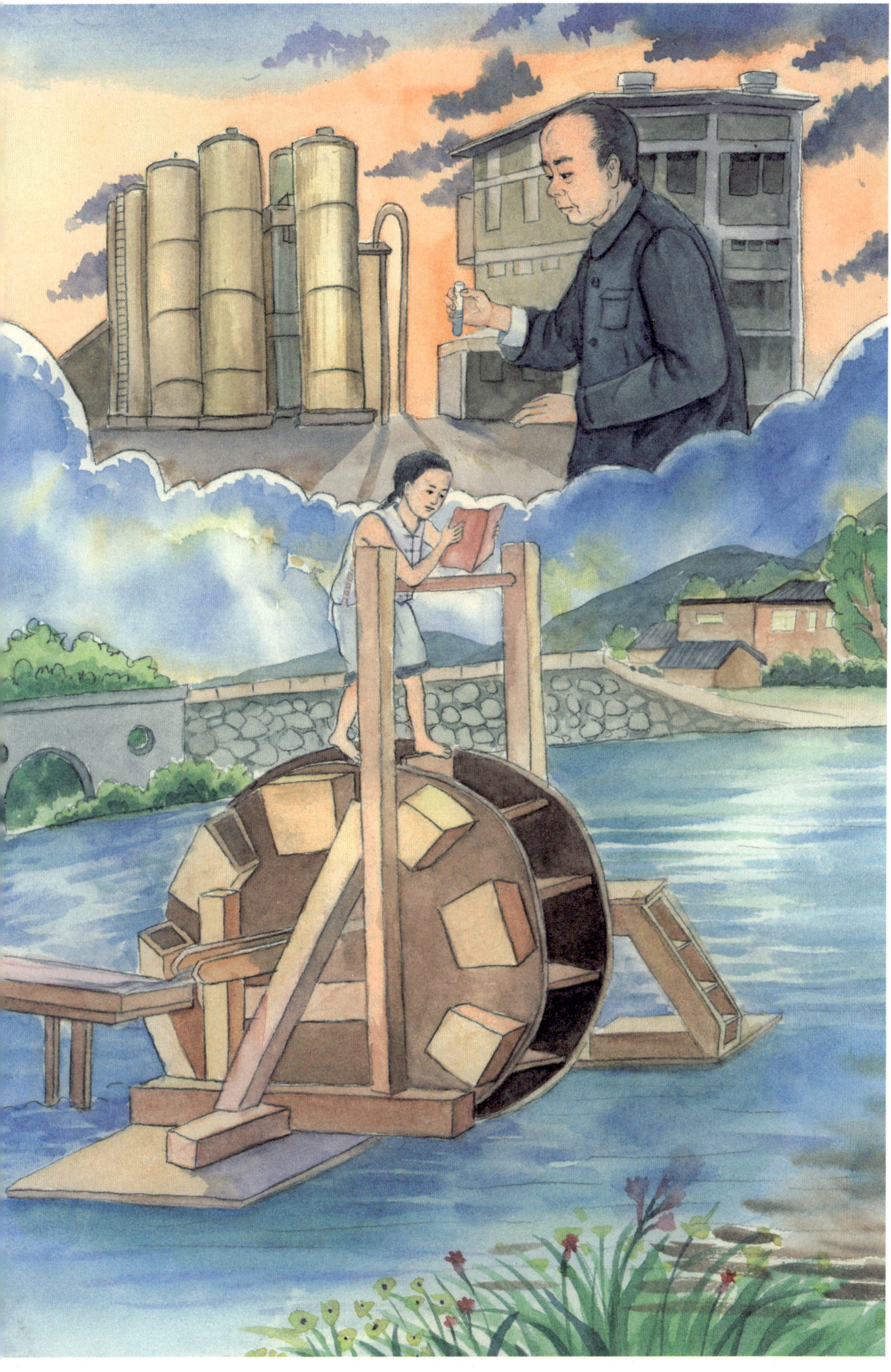

更重要的是，他们从此为中国现代化学工业的大厦夯实了地基。

那时候多么难啊，因为第一次世界大战，中国难以进口纯碱，老百姓蒸馒头做烧饼都是酸味的，以纯碱为重要原材料的工厂，更是无以为继。

范旭东和侯德榜更难。他们想生产，一没合格的设备，二没核心工艺。国际通行的索尔维制碱法很多国外的公司和科学家都尝试过研究破解，但都没有成功。

范旭东决心既定，便决不畏惧什么艰难困苦。侯德榜作为他的好友兼合作伙伴，想做好制碱事业的心一样坚定不移。

侯德榜的专业不是制碱，但别忘了他是"千分才子"啊！无比聪明又无比勤奋的侯德榜，迈开了探索纯碱制造的脚步。

这脚步，走了1000多天。

经过无数次的试验、失败，改进、再试验、再失败……侯德榜终于成功掌握了制碱工艺。又经过数次波折，艰难地改进设备，才生产出了优质纯碱。

永利"红三角"牌纯碱，在1926年美国费城的万国博览会上摘得金奖，被誉为"中国近代工业进步的象征"。1931年在瑞士的国际商品展览会上，又获得了金奖。

侯德榜并没有把自己苦心研究成功的制碱技术私藏于心，《纯碱制造》一书于1933年面世了，从此之后，制碱技术不能再被垄断。这本书对制碱的技术原理、工艺及设备等都有详细的阐述，是侯德榜留给全人类的财富。

祖国记得

侯德榜心里不仅仅有纯碱，更有祖国。那积贫积弱被欺侮的祖国，是他心底最深的伤痛。他要为祖国母亲争一口气。

种种艰辛难以述说。

1937年1月26日，我国第一座具备现代化意义的化工厂——南京永利铔厂试车成功。看着合格的产品源源不断地生产出来，侯德榜流下了泪水，那是激动，也是欣慰的泪水。

但短短数月后，南京永利铔厂被迫迁往四川。看着刚刚建成的工厂、刚刚启用的设备，侯德榜的心里在滴血。

可是不搬迁不行，日寇的铁蹄踏进了南京。垂涎永利铔厂的日寇利诱不成，武力胁迫，屡遭轰炸的工厂损毁严重，侯德榜只能率厂搬迁。

搬迁到四川后，侯德榜着手改善制碱方法。

当时的德国掌握着可高效率利用盐的察安制碱法，范旭东和侯德榜去谈合作，德国除了漫天要价，还提出有损中国主权的条件。民族尊严岂容践踏！他们当即终止了同对方的谈判，决定自己做。

又是无数次的试验和改进，侯德榜终于改善了索尔维制碱法中盐利用率低等一系列缺陷。

经过500多次试验、分析了2000多份样品才确定下来的新工艺，提高了盐的利用率，解决了索尔维制碱法污染环境的问题，还把制碱工业和合成氨工业联合起来，推动了小化肥工业的发展。

侯德榜将制碱和合成氨结合起来的联合制碱法，被命名为"侯氏制碱法"。直到现在，侯氏制碱法在世界制碱领域仍有重要地位。

侯德榜在制碱工艺上打破了外国的垄断，在传播技术、培育人才方面也是不遗余力。

他每次的科研经历都会详细记录，写下自己的心得体会，然后结集成书。1959年，侯德榜在《纯碱制造》的基础上进一步修订，增加侯氏制碱法，出版了80多万字的巨著《制碱工学》，这是他一生从事制碱业的研究实践总结。

侯德榜还亲自培训技术员，给那些年轻人讲课，帮助他们解决难题。他送优秀的技术人员出国学习，接触外面的新事物，为中国的化工行业培养了大批人才。

当年回国，只为民族大义；苦心制碱，只为报效祖国。在中国几乎没有工业基础的那个年代，侯德榜却研究出了赶超欧美国家的工艺技术。这份家国大义、科学情怀，在中国大地上永存。

孙恩麐：培育最美的花

种了好多花
花陪他读书、学习
他拿回优异的成绩单
花也捧上了秀美笑颜

他去培育一种花
为百姓御寒
为国家棉产自给

他愿耗尽一生心力

一辈子只做一件事
就是为了那朵最美的花
天高云淡
秋阳正暖
他看到了甜蜜的收获

种花

羽绒服、羽绒被等御寒物品出现之前，人们用来抵抗寒冬的是它——棉花。用棉花弹成的棉絮，做成软软的棉衣，做成暖暖的棉被，陪伴人们迎来一个又一个春天。

有个人一辈子与棉花相伴，培育优质棉花，培养棉作专家。他，就是中国第一位留学美国研究棉花的科学家孙恩麐。

1893年，孙恩麐生于江苏高邮，父亲很早就去世了，家里全靠母亲操劳。从小就看着母亲家里家外地忙碌，小小的孙恩麐懂得了为母亲分担，帮母亲做一些力所能及的事。

再长大点儿，母亲送他进入私塾。他知道母亲攒学费不容易，非常珍惜读书的机会，每天把先生教的书流利地背下来，先生提问

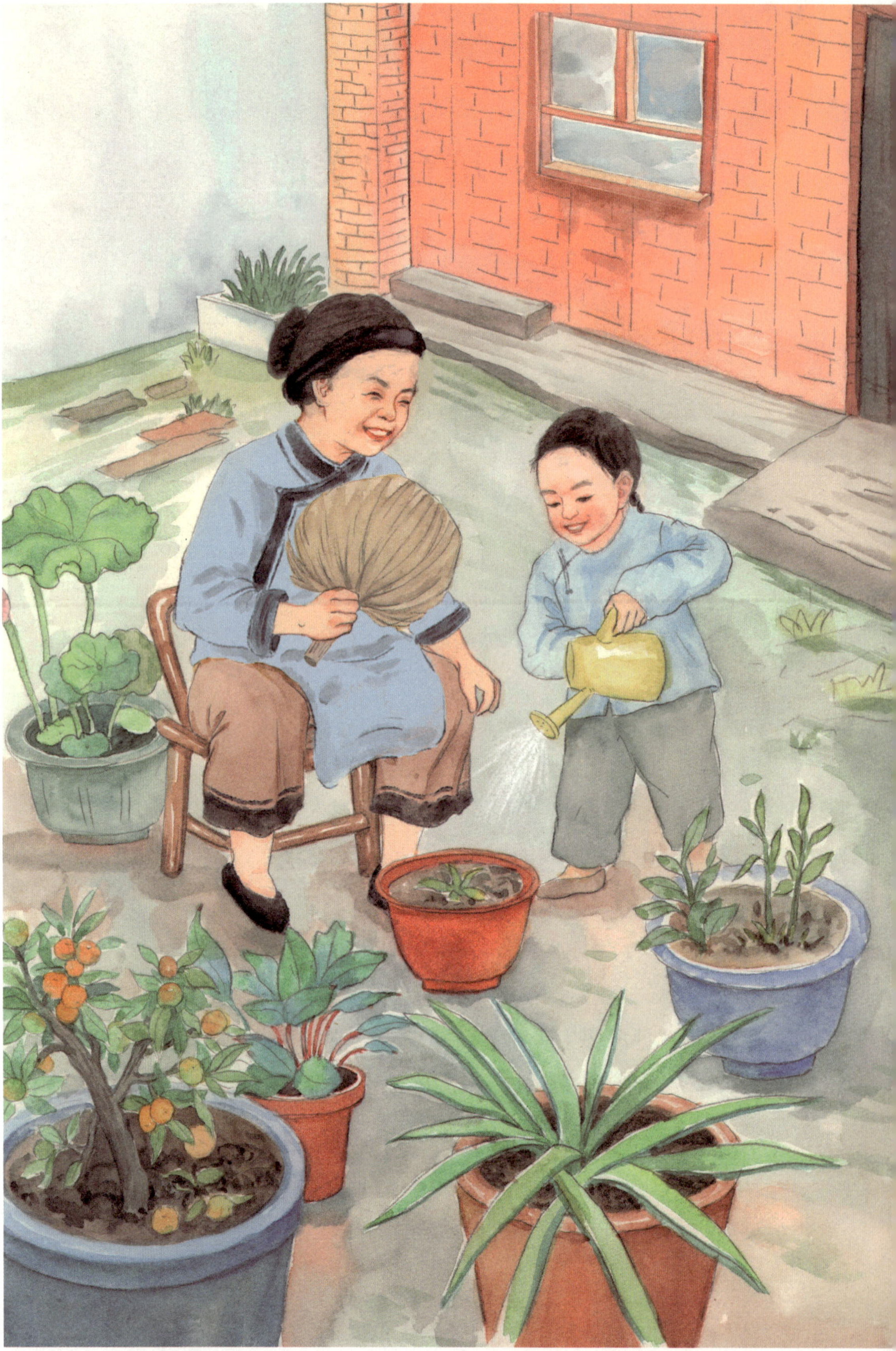

时也回答得都很贴切，很受先生的赞赏。

学习之余，孙恩麐就在家里种一些花卉，时间长了，竟然种了满院子的花。那些花在他的精心照料下，长得枝繁叶茂，非常好看。和母亲一起看花、聊天，成了那个院子里温馨的记忆。

种的花多了，种的时间长了，孙恩麐对种植业越来越感兴趣。但他那时候还没想到，长大后会去培育另一种"花"。

种棉花

1914年，孙恩麐考取了公费留学的名额，赴美国伊利诺伊大学农学院学习。怀揣着学成之后振兴中华的愿望，他争分夺秒地学习，用3年时间学完了4年的课程。

其后，孙恩麐转入路易斯安那州立大学农学研究所攻读棉花专业。在刻苦的学习中，他顺利完成了《棉花育种之研究》的毕业论文，于1918年获得硕士学位。

孙恩麐是为了科学救国而出国学习先进技术的，既然学成，那么就是马不停蹄地回国。

回国后，孙恩麐先后在江苏第一农校、东南大学、中央大学任教，培养了冯泽芳等一大批后来闻名中外的棉业专家。

孙恩麐注重教学与实践相结合，在课堂之外，他带领学生种植棉花，亲自示范每一个步骤，使得学生受益匪浅。

他对棉花种植的各个阶段都非常娴熟，从耕到收，从治虫到施肥……都要求学生规范操作。孙恩麐在田间地头指导的身影，深深地留在了学生的记忆里。

除了教学，孙恩麐不遗余力地推广和研究棉花种植。

留学期间，他就开始研究适合中国的棉花种植技术和耕作方式。他认为中国应该更换棉种，以陆地棉代替中棉，果然取得了试种成功。孙恩麐也因此被称为"中国棉产改进事业的先驱"。

为普及陆地棉种植技术，引领农民科学种植棉花，孙恩麐提出按地区的实际条件引进不同的棉花品种，筛选出最适合的。为了得到更好的试验结果，他领着学生去棉花试验田拔除杂株，以尽可能地提高棉种纯度。通过在多个地区进行试验，经过多年的试验总结，孙恩麐精准掌握了适合我国土壤条件的陆地棉种植技术，制定了大面积推广陆地棉的可行性规划。

在那一片片棉田里，孙恩麐不但种出了优质的棉花，还"种"出了许多著作。

20世纪初，我国的棉花栽培方式还未改进，孙恩麐利用休息时间撰写了《棉作栽培试验》，以指导棉花试验的具体操作。他的《孙恩麐先生棉业论文选集》出版于1949年，是棉花种植业重要的历史文献。

推广棉花

1933年，全国经济委员会设立了棉业统制委员会。1934年，棉业统制委员会在南京设立中央棉产改进所，孙恩麐被委任为所长。他设计并实施了《全国原棉设施纲要》，实现了全国棉产自给，皮棉年产达到历史最高纪录。

已任中央农业实验所棉作系主任的孙恩麐，1938年随所迁至重庆。山河破碎中，他仍做了很多具体工作，取得了显著的成效。

1938年7月，湖南成立省农业改进所，孙恩麐被聘为首任所长。

当时所里汇集了不同专业的高级人才近300人，粮食增产是他们工作的重中之重，这是国之根本啊！还建立了棉场、园艺场、轧花厂等，各方面齐抓共管，齐头并进。

抗日战争期间，湖南省农业改进所连驻地都不稳定，前前后后迁移了9次。但在孙恩麐的领导组织下，全所科研人员踏实认真地进行研究与推广工作，从没有懈怠过。不仅湖南省的粮食生产达到自给，棉花产量大幅提高，还培育出了不少水稻新品种。这些在日军空袭、躲避封锁线中取得的成绩，粮食记得，棉花也记得。

孙恩麐做的最让农民获益的工作，是根据各地区的不同条件，规划不同的种植形式。比如长江流域因为光照充足，气候温暖，一直都是棉麦两熟。而陆地棉因为晚熟，就会耽搁一季小麦，造成农民收入减少。孙恩麐用了10年的时间，去钻研试验，总结出一系列切实可行的措施，实现了陆地棉与小麦两熟。

在黄河流域，孙恩麐一边亲自试验，一边听取农民的经验，研究出适合黄河流域地区的种植技术。比如春天干旱时接墒、播种保苗、耙地保墒，秋天呢，要记得把田地深翻。对于提高我国北方的棉花产量，起到了很大作用。

陪伴棉花

为了棉花，他甚至经历过惊魂时刻。

20世纪50年代初，孙恩麐去东北棉区工作，朝鲜战争的炮火就在边境响起，为他的安全着想，上级部门催促他离开边境。

可孙恩麐心里完全没有自己的安危，他想的是那里的农民、那里的棉花，想的是整个东北产棉区的发展。

就这样，孙恩麐在炮火迫近辽东的险境里，和棉区的农民座谈，深入地头探讨，指导当地棉花种植的下一步规划。

几十年来，孙恩麐在棉花地里忙碌着，棉花该下籽了，棉花该打杈了……棉花在这里育种最适合，那里应该推广哪个棉花品种……他心里有一幅节气图，他心里也有一幅区域图。

从小时候精心照料那些花儿草儿，到学成归国后为棉业耗尽毕生心力，孙恩麐从未改过勤奋严谨的作风。

花甲之年，他仍奔走在各个产棉区，躬身调查研究，热心规划指导。甚至患病卧床不起时，仍关心棉花生产和科研事业的发展，直到病危之际，他惦记的也是我国的棉业现状。

孙恩麐与棉花相伴了一辈子，也为棉花操劳了一辈子。没去追名逐利，也没想过升官发财，他素朴的心里，只装得下那朵洁白的棉花，那朵世间最美的花。

熊庆来：桃李春风伴此生

有一个人
他从大山深处走来
带着雨露芬芳

他把最晦涩的数学
变得生动有趣
引领无数学子钻研探索

他立志为国教学

他一心育才强国
在科学界种植下
满园桃李

那些函数
几何
方程
都记得
这个把一生献给了数学的人

求学的黄金时代

1893年，熊庆来出生于云南弥勒的一个村子。他从小就背诵古诗文，锻炼了超强的记忆力，也对他的思想产生了很大影响。

1907年，熊庆来考进了昆明方言学堂，方言学堂是清末对外语学堂的通称，外语课程的占比很重。1913年，熊庆来考取了公费留学生，此时，他的第一个儿子刚刚出生。父亲反对他出国留学，在祖母的大力支持下，他的学业才得以继续。

其实一开始熊庆来学的是采矿，他出国的初衷是实业救国，没想到第二年比利时在第一次世界大战中被德国占领。他又去了法国，法国的矿业学校也因战争关闭，于是他改学了数学和物理专业。

当时国际时局动荡，汇款经常不能按时到达，熊庆来的求学经历非常清苦。但他克服了种种艰难，门门功课都学得扎实。

1921年，取得硕士学位的熊庆来回到了家乡。

熊庆来最杰出的成果是他的"熊氏无穷级"，又称为"熊氏定理"。他1931年再次赴法学习时，潜心研究两年所写成的论文《关于整函数与无穷级的亚纯函数》，奠定了他在国际数学界的地位。

教学的黄金时代

1921年，因为东南大学数学教授何鲁的引荐，东南大学校长郭秉文的聘书飞来，熊庆来携妻带子来到了南京，成为算学系主任。他在这里创办的算学系，是中国的第一个高等数学系。

当时中国还没有数学方面的教材，熊庆来便着手编写了《动学》《方程式论》《解析函数》《偏微分方程》等多种讲义，有的至今还在使用，是理工科大学的通用教材。

有一名学生非常优秀，在数学方面极有天赋，熊庆来想送他出国深造，但那个学生家庭贫困承担不了留学费用。熊庆来和几位爱才的教授就合力资助这名学生留学，定期给他汇去生活费。有一次，因为薪水没能及时发放，囊中羞涩的熊庆来就把自己的皮袍卖了，给那个学生汇款。

北伐战争开始后，南京一带受到波及，熊庆来经清华理学院院长叶企孙引荐，于1926年来到清华大学任教，创办了算学系，陆续开设了微分方程、微积分、微分几何等课程。这期间他编写了《高等算学分析》，1933年正式出版后，被列入第一批大学丛书。

1930年，熊庆来创办了清华大学算学研究部，开始培养研究型

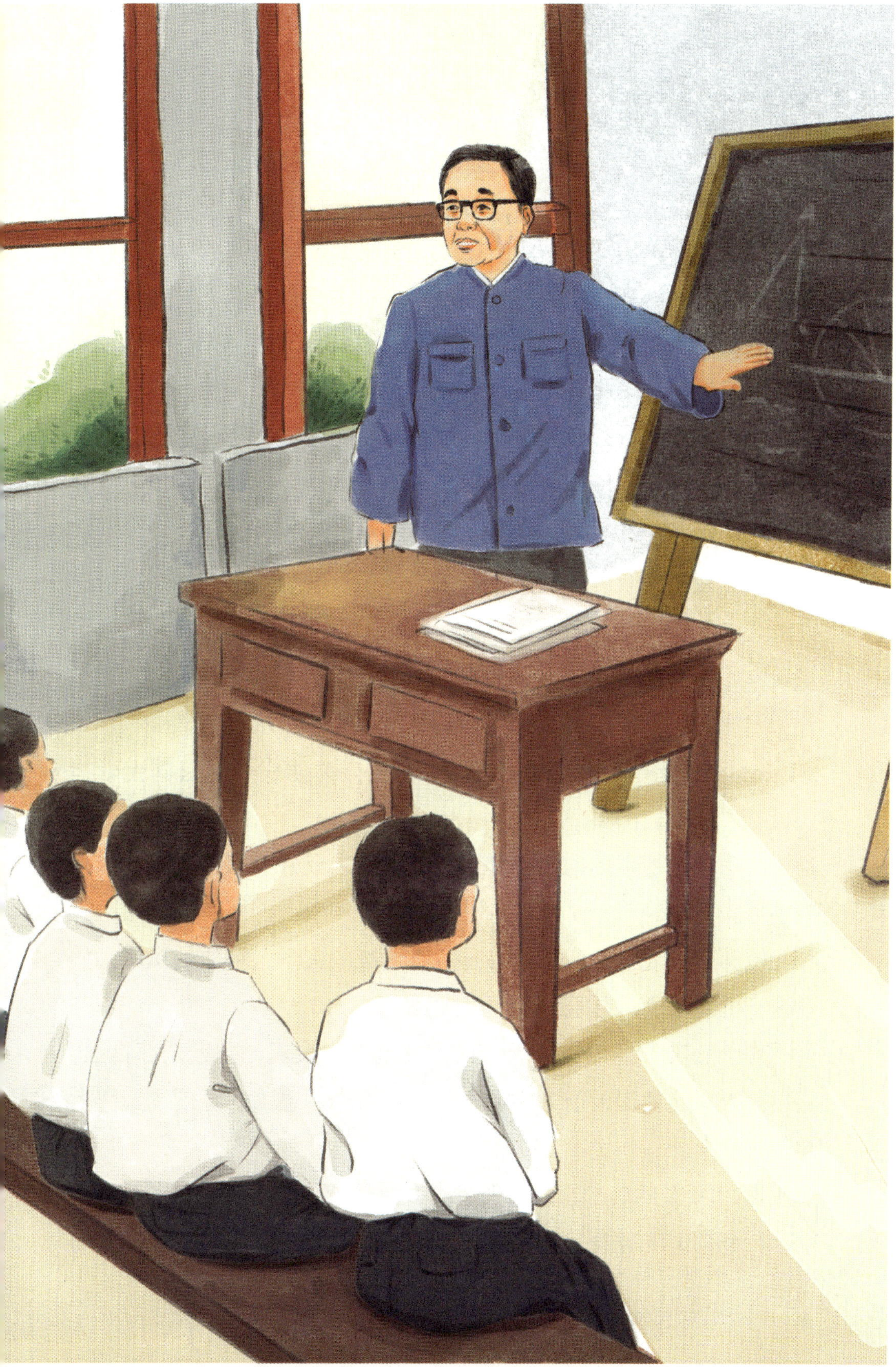

数学人才。最早的一批学生有陈省身、吴大任等后来的数学大师。

熊庆来发现了数学天才华罗庚，他在《科学》杂志上看到一篇数学论文，一边读一边赞叹，读完后更是拍案叫绝，但作者华罗庚竟然是个陌生的名字。

他到处打听，得知华罗庚只有初中学历，在乡下做店员。

熊庆来觉得这样的人才不来清华简直太可惜了，可是初中生怎么能直接进入清华？熊庆来与叶企孙联名力荐，让华罗庚在系里当助理员，这样就可以旁听课程了。谁知华罗庚仅用一年就把算学系的课程学完了，熊庆来又送他去剑桥大学深造。

熊庆来于华罗庚有伯乐之德，他的这一行为，为中国的数学研究领域造就了一位非常杰出的数学家。

办学的黄金时代

一个来自云南的邀请倏然而至，龙云请熊庆来到云南大学担任校长。

清华当然是不批准他的辞呈的，熊庆来只好请假去云南处理一些事务。

他眷恋着故土，为家乡办一所高水准的大学，是他的夙愿，如今这一机会来了，岂能放弃？

对于熊庆来提出的关于云南大学的办学要求，龙云全部批准，立即督办。这使得云南大学明确了办学方向，也因此开创了云南大学的辉煌岁月。

1937年，熊庆来正式出任云南大学校长，他聘请的教授有顾颉刚、吕叔湘、陈省身、华罗庚、严济慈等当时就已经非常有成就的名家。其他大学的一些著名学者，他也请来兼课，使云南大学成为名家云集之地。这些懂研究会教学的名家教授们，为云南大学培养出了一大批优秀学子。

熊庆来坚持的"大学之重要，不在其存在，而在其学术的生命与精神"，这确是大学的真正意义啊！

他的一生都是黄金时代

1957年，旅法8年潜心研究函数论的熊庆来回国，国家给了他一笔安家费，可他原封不动地还给了国家。

他出国时带着的为云南大学买书的钱，买书后还有余款，他也都还给了云南大学，在国外生活最艰难的时候他也没想过要用那笔钱。他说"这是国家的钱，不能动"。

熊庆来一生清正廉洁，他不爱金钱，他爱数学，他也热爱教书育人。

数学家陈省身、吴大任、段学复、华罗庚，物理学家严济慈、赵九章、钱三强，化学家柳大纲等都是他的学生。杨乐和张广厚也是他古稀之年培养出来的研究生。

熊庆来对学生的作业批改得非常细致，有错误的他会圈出来，改正。批到写得好的作业，他会用毛笔写上一个大大的"善"。这个"善"是对学生的鼓励，敦促着学生奋力向前。

教书立德，育才强国。熊庆来是中国现代数学先驱，更是一位桃李满天下的教育家。

茅以升：成了一座桥

他从小就梦想造桥
造一座最坚固的
不会倒塌的桥

他真的造出了那座桥
他曾为此远渡重洋求学
也曾为此呕心沥血

他亲手炸了那座桥

为了抗日的大业
为了挺直的民族脊梁

他把桥修复
在阳光白云下
看人来车往
看冬去春来
他自己成了那座桥

他梦了一座桥

"双桥落彩虹""长桥压水平""绿阴青子老溪桥""红桥二十四，总是行云处"……自古以来，"桥"就是一个很美的意象，是一个有着深刻意义的符号。

有一个人，从小就梦想造一座最坚固的桥，后来果然造了出来。

茅以升1896年生于江苏镇江。他上学后，非常刻苦努力，每天很早就起来，去河边背诵诗文。河水每天不倦地流过，他每天不倦地去背诵。一天天，一年年，背了很多很多的诗词文赋。

南京的秦淮河上，每年端午都有龙舟竞赛，河边桥上都是看热闹的人。有一年，人们正挤在文德桥上看赛龙舟时，桥突然塌了，造成很多人伤亡，这件事深深地触动了茅以升。

他开始留心各种桥，不论是大桥小桥还是石桥木桥，他都要仔仔细细地看个明白，认真画下图纸，揣摩它们的结构。他还把书上看到的与桥相关的内容抄下来，不知不觉就抄了厚厚的几本，还收集了很多桥的图画。

勤奋好学的茅以升考入唐山工业专门学校，后又以第一名的成绩考上了清华学校公费留学生，被保送到美国康奈尔大学。一年后，他就获得了桥梁专业硕士学位，又去美国卡耐基理工学院攻读工学博士。茅以升在博士论文中论述了自己的科学创见，被称为"茅氏定律"。

他建了一座桥

1919年，茅以升博士毕业。很多公司对既懂理论又有技术的他发出了重金聘请，心怀祖国的茅以升却坚定地登上了回国的邮轮。

当时的中国，没有一座现代化大桥是中国人自己设计建造的。哈尔滨松花江大桥是俄国人造的，蚌埠的淮河大桥是英国人造的，郑州的黄河大桥是比利时人造的……

那个小时候的梦想从未远去，茅以升要造一座真正属于中国人的大桥。

他满怀雄心壮志，他才智过人，可就算如此，在钱塘江上造桥，也几乎难于登天。当地有句歇后语，就是"钱塘江上造桥——办不到"。

自古以来，钱塘江大潮就是杭州有名的一景。潮来气势如虹，潮去如万马奔腾，非常壮观，文人墨客也留下很多诗文。

对要建桥的茅以升来说，这是啃不动的硬骨头。他们把沉箱放进江里，要筑建大桥的地基。但几百吨重的沉箱，竟然被大潮卷走了。拉回来再卷走，卷走了再拉回来……

啃不动也要啃，不啃下这块硬骨头就无法打造大桥的地基。茅以升自小养成的不畏艰难、勤于思考的好习惯，这时发挥了力量。他认真观察潮水的走势，在涨潮时把沉箱放到水里，退潮时利用水位的落差把沉箱的位置固定。

第二关是钱塘江的泥沙。我们知道，大桥是靠桥墩支撑的，可是钱塘江底有大约几十米深的泥沙，这桥墩怎么建？一群人哼哧哼哧地忙活了一天，才打进了一根木桩。一个桥墩里有160根木桩，一天打一根，整座桥……这速度想都不敢想。

茅以升虽然给大家鼓舞士气，其实自己也急得不行。那天，他看到女儿在阳台浇花，喷壶里的水倒下去就把花盆表层的土冲开了。茅以升眼睛一亮，对嘛，就是这样！于是，打木桩时，他们先从钱塘江抽水，再用重压把水压回去，利用瞬间的冲力，趁着泥沙被冲开时把木桩打下去。

修建钱塘江大桥时中国正处于内忧外患的动荡中，特别是大桥将要竣工时，淞沪会战爆发。日军飞机不时在钱塘江上空盘旋，说不定什么时候就会轰炸。

他炸了一座桥

茅以升顶着重重压力，建成了我国第一座公路铁路兼用的现代化钢铁大桥，打消了外国人的各种质疑，证明了中国人不比任何国家的人差。建造钱塘江大桥，用了3年，可是在竣工通车89天之后，

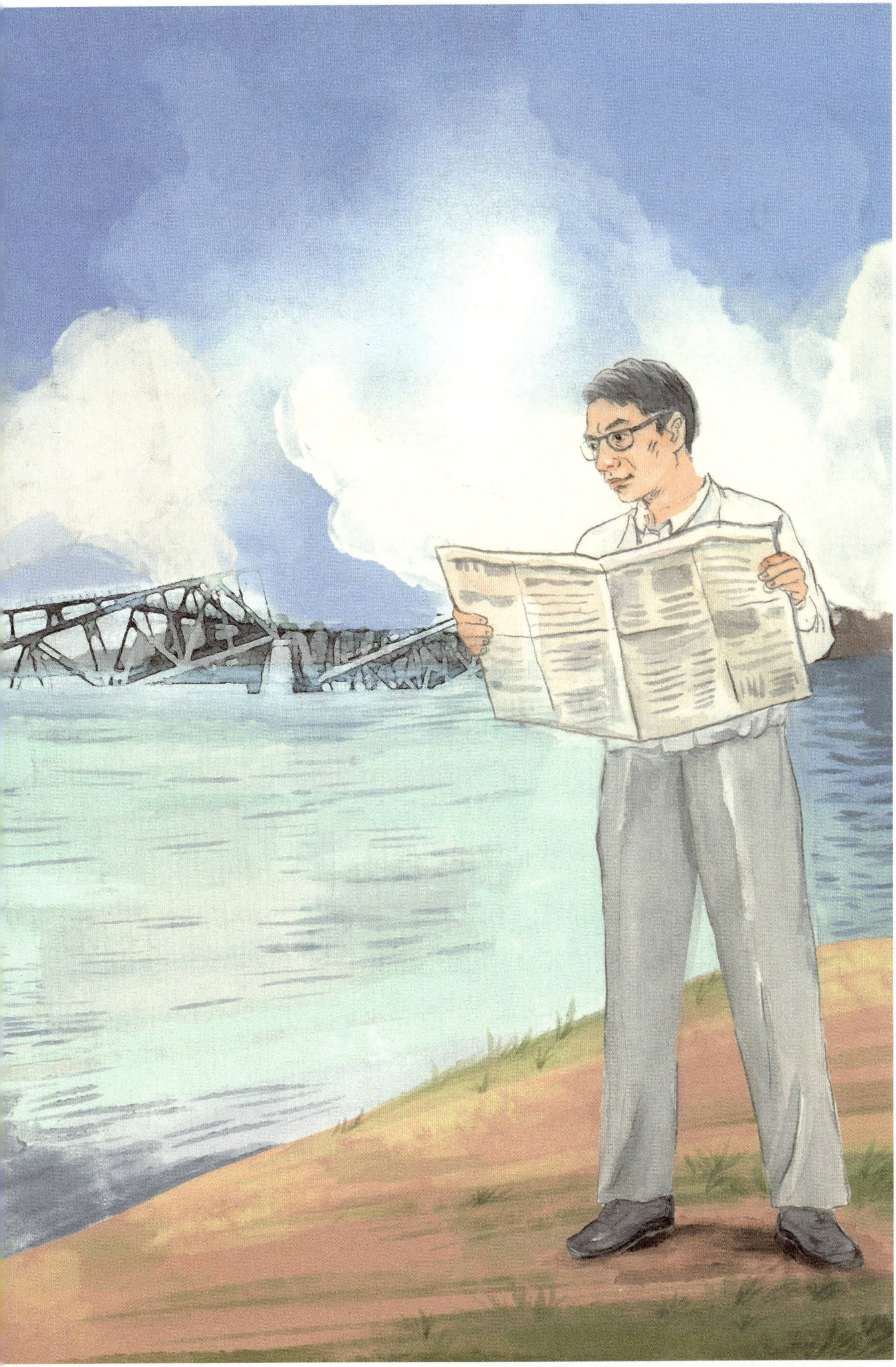

这座承载着他夙愿的大桥，被他亲手炸掉了。

日寇层层逼近，前线战事吃紧，为了阻止日寇利用钱塘江大桥南下，这座桥必须炸掉。

可以想象茅以升当时的心情。心爱的物品丢了坏了我们都会心痛得不得了，何况那是他倾注了无数心血带领人们建起的大桥。桥是他建的，他比谁都清楚在哪里埋藏炸药能更有效力。他带着工人在桥墩埋好炸药，看着炸药被点燃。

茅以升痛心不已，立下誓言——抗战必胜，此桥必复！

抗战胜利后，茅以升又一次来到钱塘江边。炸桥前，他把建桥的所有资料集结起来，装满14个箱子。在之后的颠沛流离中，他一直把这些箱子带在身边。

如今，那些资料终于重新发挥了作用。这座桥于1953年重新修复后，一直屹立在钱塘江上，看着南来北往的人来车行，看着中国日新月异的发展。

他就是一座桥

"科学家是有祖国的"，茅以升当年就是抱着这样的情怀回到祖国。除了最被人称赞的钱塘江大桥，茅以升还参与了武汉长江大桥的设计修建。这座比原计划提前两年建成的大桥，衔接起京汉铁路和粤汉铁路，贯穿中国南北，而且把武汉三镇联为一体，使南北地区的铁路和公路真正成"网"。

他在中国的桥梁工程专业架起一座科研的桥，培养了一批又一批出色的桥梁专业人才。有他们的不断进取，中国不断涌现惊艳世界的基建项目。

茅以升建桥造桥，著书立说，著有《桥梁史话》《中国的古桥与新桥》《钱塘江桥》《武汉长江大桥》《茅以升科普创作选集》等，为年轻的桥梁专家提供了可供借鉴学习的珍贵资料。

他还在少年儿童中架起了一座知识的桥。深受小朋友喜爱的《桥梁远景图》，描绘了各种各样的桥，极大丰富了孩子们对桥梁的认知。

从小立志造桥，青年远渡求学，学成归来报效祖国。茅以升的一生就像一座桥，风吹过，水流过，他不动。云来，雨来，他仍在。

吴有训：物理会记住他

童年的梭子
织起他追梦的经纬
有一个世界
让他充满向往

X射线在对他召唤
异国他乡
他窥见了射线的容颜

桃李三千
推动中国科技发展
吴门俊才
把原子弹的梦想实现

他画下一张蓝图
广阔的世界里
科研的道路在延展

他，和梭子

1897年，吴有训出生在江西高安的一个小村子。

父亲在外面做生意，一年到头难得回来几次，他的记忆里，小时候很少见到父亲。母亲身兼两职，既有慈母的仁爱宽厚，也有严父的雷厉风行，使吴有训养成了良好的习惯和品格。

母亲还请来了先生，让他早早地接受教育。吴有训很懂事，母亲的含辛茹苦他看在眼里，记在心里，学习非常刻苦。这份刻苦，陪伴了他一生。

后来父亲让他拜族叔吴起銮为师，精通四书五经又兼知数理的吴先生，把自己的学问以深入浅出的方式传递给他，使他打开了心胸，拓展了眼界。

吴有训最感兴趣的，是吴先生讲的"物竞天择，适者生存"的道理，博学而认真的吴先生总是耐心回答他的问题。吴有训在与先生的探讨中，打开了很多新思路，还能把思维发散开来。

吴先生有一次讲了地球的经纬线，这是一个很有趣的知识。但如果不动脑，听过了也就听过了。吴有训却想起了织布机上穿梭的梭子，那不就是在编织经线和纬线吗？他甚至去试了一下。小小的人儿坐在大大的织布机前，操纵着梭子，看着一根根经线和纬线在自己的手下变成布，他想到了很多。

那个本就聪颖的孩子，对世界的认识更加深刻了。

他，和 X 射线

1916 年，吴有训考入南京高等师范学校。在老师胡刚复的带领下，他第一次接触到 X 射线。这个神奇的东西让他非常感兴趣，那时国内还没有对 X 射线的研究，他就产生了出国学习的想法。

从小就成绩优异的吴有训，顺利通过了公费留学生考试，于 1922 年来到美国芝加哥大学，成为物理学家康普顿的研究生，开始了对 X 射线的研究。

那时候，康普顿提出的 X 射线量子散射理论，因为只限于某一特殊条件，还没被学界认可。吴有训每天泡在实验室里，做了无数次的试验和分析，3 个月里实验了 7 种物质的 X 射线散射曲线，做出了 15 种元素散射 X 线的光谱图，验证了康普顿效应。

吴有训的 X 射线散射光谱曲线，被公认为康普顿效应的经典插图。康普顿把这张光谱图与自己 1923 年实验所得的石墨散射 X 射线光谱图，一同收录到他的著作《X 射线的理论及实验》，其中有

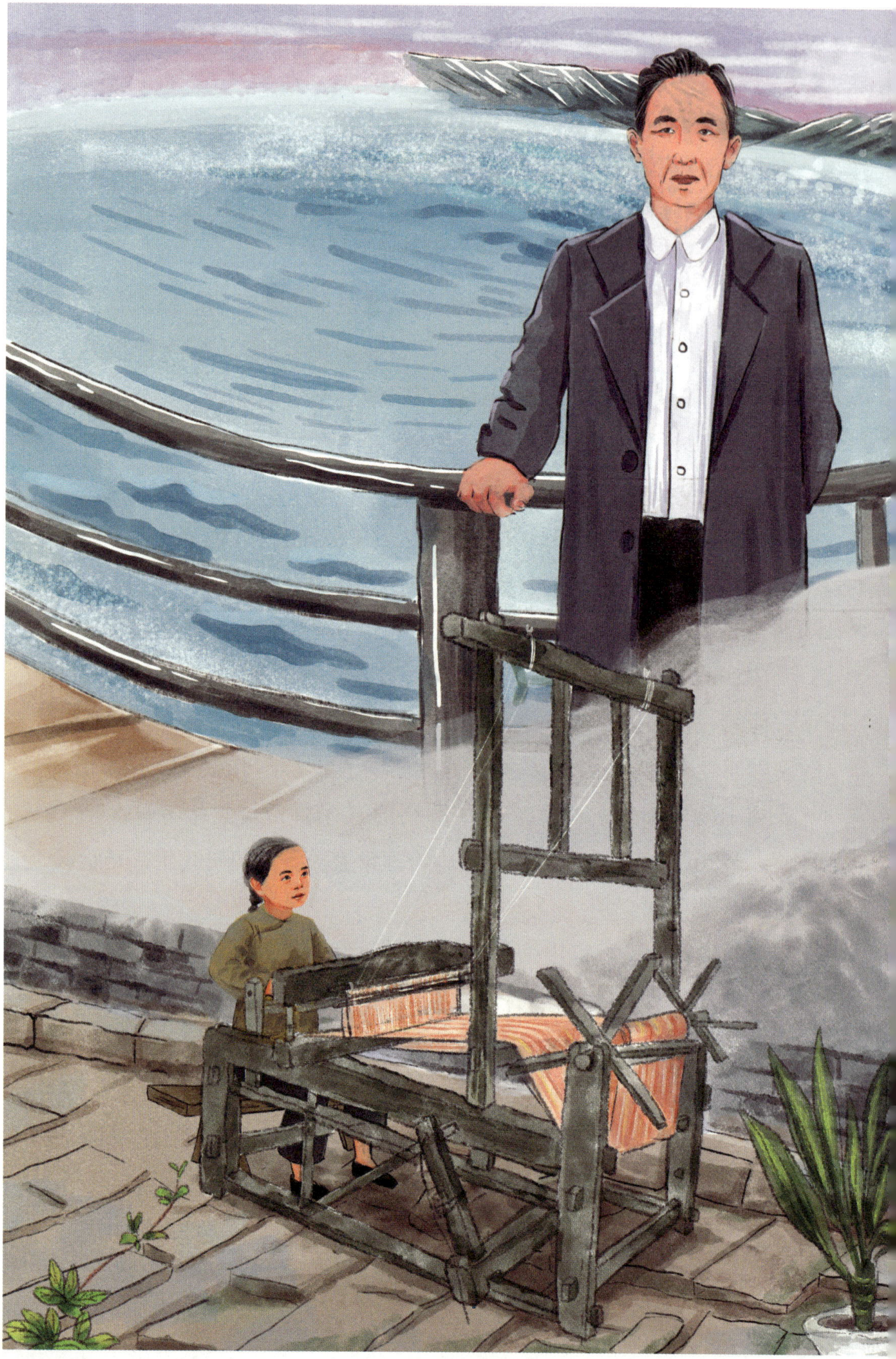

19处引用吴有训的实验研究，用作证实他理论的重要依据。

他，和教育

1926年，吴有训已名有所成，留在美国，会有不可限量的成就，也会有鲜花和光环。他却辞去了助教工作，谢绝了导师的挽留。"梁园虽好，但非久留之地，我是一个中国人！"他登上远洋客轮，铿锵有力的语音还在身后萦绕。

1928年，吴有训到清华大学任教，除了把满腹才学传授给学生，还以身作则，以严谨的治学理念影响着学生。

最小的事情也要仔细地做，吴有训对学生要求极为严格，他坚持"搞科研，来不得半点儿马虎"。每年新生的第一节课，他都让每个学生用2厘米的短尺去量3米的距离。你可能觉得，这有什么，我二年级的时候就会量。这说起来简单，做起来却着实不容易，需要十分耐心与细心，稍一分神就会记混。他就是通过这件事让学生明白——在科学实验中要重视每一个细节，不可有毫厘之差。

吴有训注重为各学科建设充实力量。20世纪30年代，吴有训鼓励学生学习气象和地质方面的课程，还让他们出国后转学这些专业，很多学生后来成了地质、海洋、气象等领域的科学家，就是听从了他的建议而转专业的。

吴有训在担任中国科学院副院长时，更是战略性地倡议在科学院建立计算机、半导体等研究所。这些研究所建立起来后，为我国的科技发展做出了开创性的贡献。

他，和学生

吴有训讲课条理清晰，引人入胜，学生特别爱上他的课，听他讲 X 射线，听他讲量子论……

钱三强就是听了吴有训的课，放弃北大电机工程专业，来到清华物理系的。钱伟长也是吴有训的学生，还有邓稼先、陈芳允等，吴有训为中国科学界开辟了广阔的领域，引领一大批物理学家走上了进取之路。

特别是钱伟长，有着一段为人称道的故事。

1931 年，文史成绩非常好的钱伟长考入清华大学历史系。九一八事变在钱伟长心里引起极大震动，他决定弃文学理，走科学救国的道路。钱伟长找到吴有训，请求转到物理系。吴有训看了他的成绩单，说："你的中文成绩这么好，还是读中文系更合适。"

钱伟长把自己去圆明园后的感想告诉吴有训，再次强调自己读物理系是为了能给国家造飞机坦克，是为了用科学的力量救国。吴有训笑着说："学文也可以救国呀，用自己的笔唤醒民众，用自己的笔向世界推介中国。"

无论吴有训怎么说，钱伟长也不放弃读物理的决心。他甚至"耍上了赖"，每天跟着吴有训，把吴有训磨得没了脾气，给他提了个条件：试读一年，如果功课考过 70 分，就同意他进物理系。

钱伟长拼命学习，达到了吴有训的要求，如愿进入了物理系。而后来，钱伟长对国家的贡献，我们都知道有多大。

他，和原子弹

1945年，美国投向日本的两颗原子弹在广岛和长崎爆炸，也炸在了全世界科学家的心里。

吴有训之后就在两所大学做了原子弹基本原理的科普报告。他担任国立中央大学校长后，第一件事就是在校内建立原子核研究室，并邀请赵忠尧为室主任。

吴有训设想的研究计划因种种原因没有实现。但后来，他还是请钱三强、王淦昌、张文裕组成中国原子弹研发的先行队。在吴有训的强烈要求下，中国科学院很早就开始重视理论物理基础科学的研究，夯实了原子弹制造的科学基础。

荒凉的戈壁滩上，升腾起壮美的蘑菇云，世界震惊，举国欢腾。1950年吴有训被委任为中国科学院副院长以来，主管数理化工作的他集中国科学院最优秀的科研人员投身"两弹一星"工程。奋斗在第一线的那些我们耳熟能详的原子弹专家，钱三强、王淦昌、邓稼先、钱伟长、朱光亚、王大珩、陈芳允等，都是吴有训的学生。

他的学生，替他完成了心心念念的原子弹之梦。

严济慈：照亮前路的光

他读着四书五经长大
却把科学的路拓宽
为中国
开创科技前沿

他把科学的理念
种在中华大地上
引领年轻人
向着光明的前方行进

而他自己
也在不断地向前
再向前

对科学的追求
对祖国的忠诚
伴着他一生

三次考第一

1901年，严济慈出生于浙江东阳，他小时候的名字其实叫寓慈，后来老师给他改名叫济慈。

7岁去私塾读书的他，上课特别专注，自然也就听得明白，记得牢靠。父亲给他买过一本《笔算数学》，严济慈太喜欢这本书了，一遍遍地研读，把书里的题目都解了出来。

12岁时，严济慈到县城的广益小学插班读书，就是在这里，老师给他改名为济慈的。小学的课程和私塾里不一样，科目增多，内容更加丰富。严济慈很喜欢这些课程，每天都开开心心地上课，认认真真地写作业。

严济慈在数理方面的天赋在中学时代就显露出来了，让同学们一筹莫展的难题，他却极兴奋，什么样的难题都难不倒他。后来竟然四处搜寻难题，越是刁钻的题目他就越有成就感。

严济慈早就确定了要读大学，学好本领科学救国。他参加了浙江省教育厅举办的六所高等师范联合招生考试，想去读南京高等师范学校，师范学校免学杂费、提供食宿，这对贫家学子再好不过。

父亲只盼着他能在中学毕业后做个教书先生，好帮着一起养家，不同意他上大学。父亲想得现实，严济慈却志在高远，坚决不肯屈从，偷偷找姨妈借钱，瞒着父亲去参加高考。父亲还是知道了，去城里找了他，但不是去阻止他考试，更不是去教训他。

严济慈翻越乌竹岭，走到诸暨去搭乘来往杭州的船。一起去考试的同学要帮他付轿钱，但他不肯，说自己平时走惯了，婉言谢绝了大家的好意。

父亲并非不通情理之人，儿子这种翻山越岭也要去考试的坚持，让他理解了严济慈求学的心志。父亲找到严济慈后，把来时借的钱塞给他，说："人家都坐轿，你也坐，好好考。"中国的父亲们向来不太会表达，严济慈却从这几个字里感受到了温暖的爱。

那次考试，严济慈考了全省第一名。南京高等师范学校复试，又是第一名。在这之前，他在东阳县立中学的毕业考试中也考了第一名。

三次去与留

1923年，严济慈去法国巴黎大学深造，1927年获得博士学位。正如他给妻子的信中所言："吾离国后方知我有一件东西叫国家，以及国家的可爱。"是的，那个国家再贫弱被欺，也是可爱的祖国。外国再好，也是他乡。既学有所成，当然立即归来，为国效力。

1928年，严济慈再次赴法，1930年回国时还带回来居里夫人送给他的放射性氯化铅，严济慈担任了北平物理研究所和镭学研究所的所长，带着几个年轻人做研究。

1937年，正在法国开会的严济慈听闻七七事变的消息，决定回去"和四万万同胞共赴国难"。

法国的朋友劝他不要走："战火遍地，你现在回去又能干什么？"但他仍义无反顾地踏上了归程。先至越南，然后到了昆明。

虽是大后方，昆明也常遭受日军飞机的轰炸。这不安宁的城市里，却有一方"安宁"的天地，一座破庙成了从北平迁来的物理研究所的落脚点。

在防空警报拉起要立刻躲避的形势下，严济慈开始研究应用光学，研制抗日急需的军用仪器。

中国的第一台高倍率显微镜镜头，就是严济慈和钱临照在这座破庙里研制出来的，其光学质量可媲美外国名厂的产品。还制造出500架1500倍显微镜，送到前线的医疗阵地及科研机构，1000多个水晶振荡器安装到无线电台和警报器上，300多套军用测距镜和望远镜也运到了战场上。

我国从此有了自己制造的光学仪器。

把科学理念种在中华大地上

大学期间严济慈就写了两本书，一本是《初中算术》，自1923年出版后，一直到1940年都是教育部指定的教材，远销到东南亚。还有一本是《几何证题法》，1928年出版就广受青睐，50年之后，

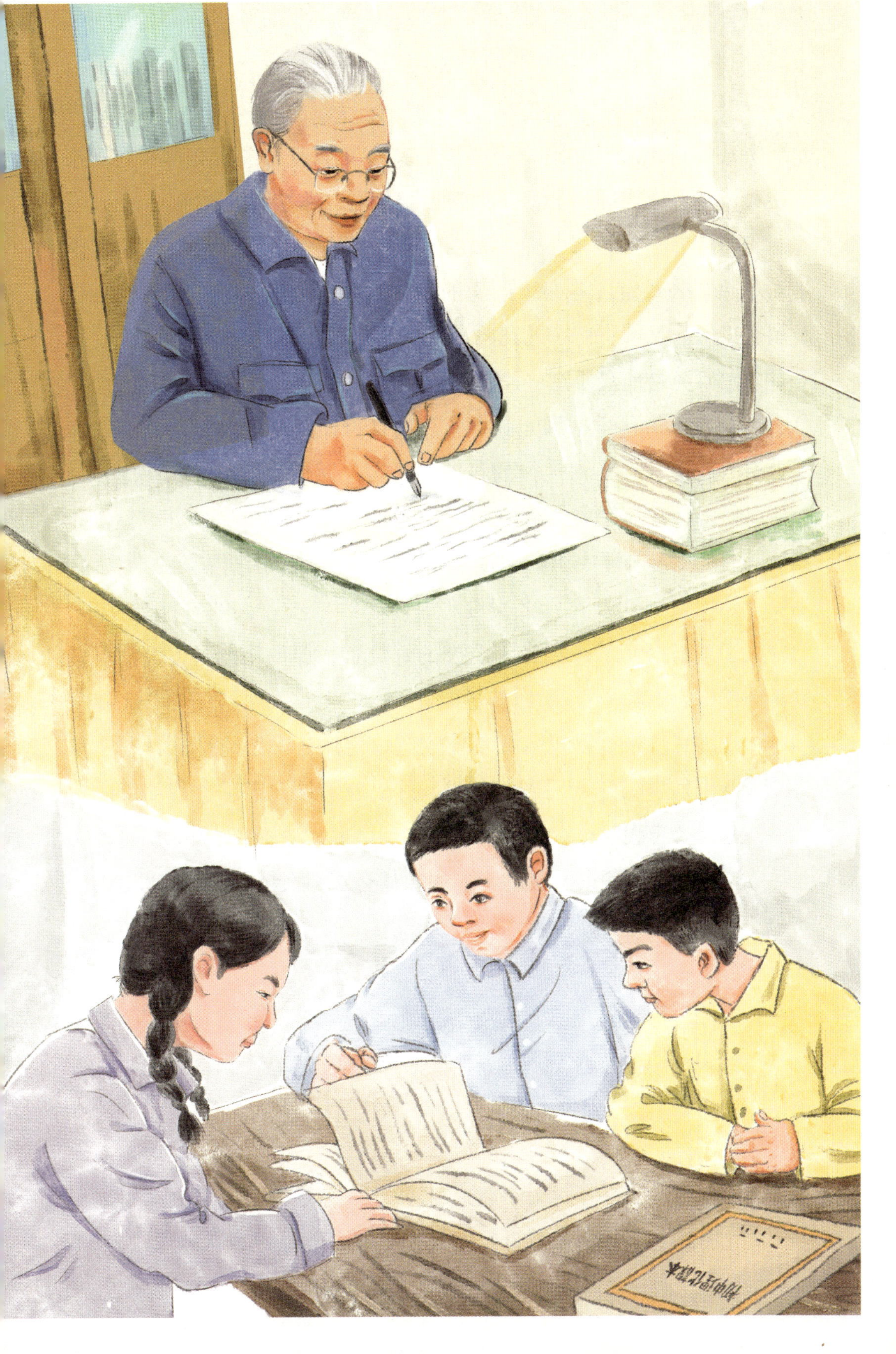

严济慈还应出版社之邀，把书里的文言文梳理为白话文再版。后来还写了《普通物理学》《高中物理学》《电磁学》等教科书。

严济慈在生活里是个沉默寡言到"无趣"的人，教材却写得生动。除了公式定理等必须严谨的内容，解析道理、陈述论点他会用司空见惯而又特别切题的比喻，让学生一看就懂，一学就喜欢。

做研究是他最乐意的事，什么都比不上实验室更有吸引力，"怎么会有人觉得科学枯燥无味呢？还有什么能比支配宇宙的自然规律更引人入胜呢？自然规律的和谐和真实，使小说显得多么空虚，神话显得多么缺乏想象力啊！"

严济慈参与了中国科学技术大学的筹建，还亲自授课。

他的课受欢迎到什么程度呢？能容纳二三百人的阶梯教室里，有很多站着旁听的。想坐到前排的好位置，那得靠抢，要提前很长时间去占座。

严济慈从来都是反对照本宣科的，他认为讲课也是一种科学演说，要把教学当作一门表演艺术，好的老师站上了讲台就要进入角色，达到"忘我"之境，这样才能把课讲好、讲透、讲生动。

这位从小读四书五经的老先生，却有着那么超前的教育理念！

张钰哲：胸怀星辰

星星就在那里
抬头看的时候
被星星抓住了眼神
对视的瞬间
他便掉进了那个太空梦里

有一颗星星
从远方而来
当他再次捉住那颗星星

天空中
就有了一颗"中华星"

他记录了一次
超越天文本身的日食观测
因热爱而不惧艰险
因执着而终身探索
他把一生的心血尽付天文

抬头看星星的小孩子

小时候，我们都对浩瀚的星空深深地好奇。夏天的夜晚，在老人那蒲扇的凉风里，听牛郎织女的故事，睁大眼睛看北斗七星，找能认出来的星座……

有这样一个人，他也是从小向往宇宙间的奥秘，想去解答那些不解之谜，长大后成了杰出的天文科学家。这个人，就是张钰哲。

1902年，张钰哲出生于福建闽侯，父亲在他两岁时就去世了，母亲把他们兄弟几个拉扯大。生活艰难，母亲仍然省吃俭用地供他读书。张钰哲懂得母亲的辛苦，学习比别人更加勤奋努力，一直保持着优异的成绩。

学习之余，他最感兴趣的就是那茫茫宇宙。晴朗的晚上，他总在院子里凝望满天星斗，院墙外传来小伙伴们游戏的欢笑声，也打动不了他。那亮闪闪的星星，有着无穷的吸引力，他总是看呀看呀看不够。

1910年初夏的一天，哈雷彗星拖着长长的尾巴划过夜空，那一刻的灿烂亮丽，让8岁的张钰哲深受震撼。他更加迷恋星空，收集到的所有与天文有关的资料，都要认真地看一看，用心地记住。小时家贫，母亲难得给他零花钱，他攒着买了一本书——吴稚晖所著《上下古今谈》。那本书里有用月亮和星星编织起的知识网，他一下子就掉了进去。那些"网"，为他织造一个瑰丽的太空梦。

专心找星星的年轻人

1923年，张钰哲到美国留学，学的专业是机械工程和建筑，但小时候那个探寻星星的梦总是在心里闪耀，他于1925年来到芝加哥大学天文系，开启了探索星空的路。

取得学士学位后，张钰哲继续攻读硕士和博士。在叶凯士天文台实习时，他结识了天文台台长弗罗斯特，双目失明的弗罗斯特对《天文年历》等书籍中的天文数据信手拈来，这让张钰哲钦佩不已。弗罗斯特温和地笑了："研究天文学，专心最重要，只要持之以恒，你也能做到。"

此后，张钰哲一辈子专心于天文学。

观测室里，张钰哲天天守在天文望远镜前，认真观察着遥远的星星。突然一个小小的光点闪过！张钰哲的眼睛一亮，那是一颗从未被人类记录过的行星，可是它太调皮了，轻轻地闪了一下，就消失在了漫天繁星中。

他每夜都在找寻那颗一闪而过的星星。这一找寻就是两年！经过他锲而不舍的观测和精密的计算，1928年11月22日，张钰哲终于验证那确实是一颗新的小行星。

根据国际惯例，小行星的发现者有权为它命名，张钰哲想起了遥远的祖国，当初为振兴中华而出国求学的信念仍在心中澎湃着，这颗星星就叫"中华星"吧！

小行星排序表上，从1801年发现的第一颗，至1928年发现的1000多颗小行星里，终于有一颗是中国人发现的。张钰哲是中国甚至是亚洲第一个发现小行星的人。而"中华星"也带着他浓厚的爱国情怀，闪耀在浩瀚天河中。

在发现"中华星"的第二年，张钰哲以优异的成绩获得了博士学位。留在美国，会有丰厚的报酬和优渥的生活，但心念故土的张钰哲谢绝了导师和同学的挽留，带着国内急需的大量天文学资料，回到阔别已久的祖国。

炮火中行进的勇者

艰苦的抗日战争时期，张钰哲也没停下观测星空的脚步。那时的条件非常简陋，他还是带领队友克服各种困难，从事天文研究。

1941年，张钰哲带着团队观测了一次日全食，为了那次观测，他提前好几年就在相关部门的支持下开始筹措。

早在1937年，张钰哲做出的太阳活动预报就已测算到，1941年9月21日将有日全食进入新疆，经甘肃、湖北等地至福建入海。张钰哲选定的最适合的观测点，是甘肃临洮。

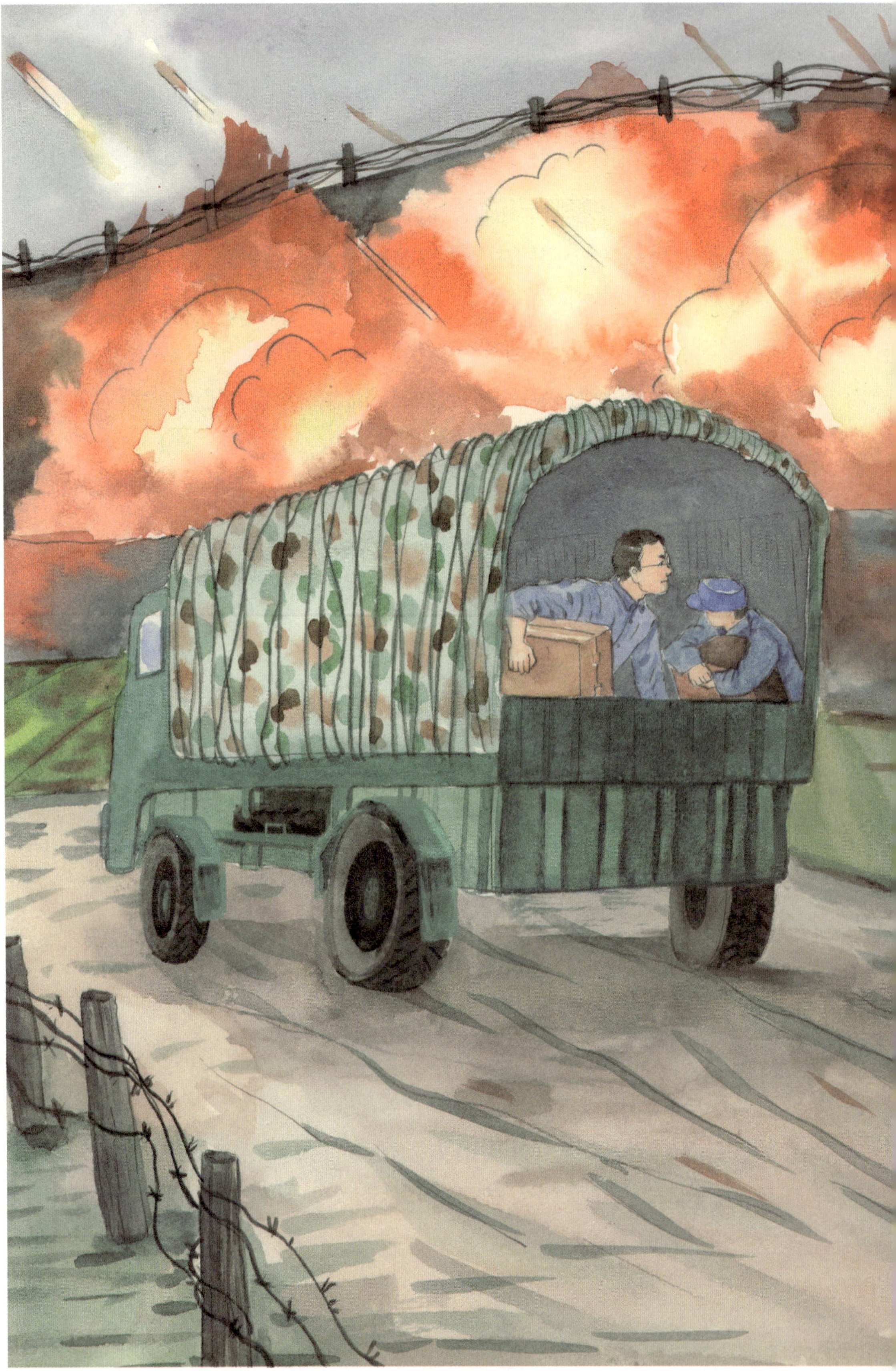

山河破碎的形势下，要组织一次远在千里的科研工作，那难度非同一般。张钰哲为了这几乎不可能完成的任务，想尽了办法。

最重要的是——钱，他到处筹集募捐，尽量让款项更充足些。观测用的仪器，他四处去借，也自己改装，终于做好了准备。观测队在1941年6月底出发了。

他们背着沉重的仪器，坐火车到了曲靖，又找到一辆卡车，颠簸上路，穿过各地的封锁线，冒着被敌机轰炸的危险。有一次，敌机投下的炸弹那么近，爆炸的气浪冲击到卡车，好在没有人员伤亡。这惊心动魄的一路，走了3000多公里，历时一个多月。

他们在甘肃临洮拍到了清晰的日全食影像，那是中国天文学家拍摄的第一张日全食照片和第一部日全食彩色影片，也是在我国境内首次运用现代天文仪器进行的日全食观测。

那晴空万里又逐渐昏暗的过程啊，那"被天狗吃掉的太阳"啊，那金光耀眼的日冕啊！他甚至觉得，那短短的三分钟看到的壮丽景象，比那3000多公里的艰险更惊心动魄。

抗日战争年代所做的日全食观测，张钰哲他们此行的意义，超越了"天文"本身。

追寻一辈子星星的老人

星空无涯，而生命有涯。1986年，张钰哲病逝。

因热爱而终身探索，因专心而不遗余力。在半个多世纪的天文旅途中，张钰哲和他领导的紫金山天文台行星室，发现了1000多颗新小行星和3颗以"紫金山"命名的新彗星。他开创了天文学多个研究领域，领导组织了多次科研工作，取得了多项科研成果。

甚至为中国夏商周断代史的研究提供了重要线索，比如确立武王伐纣等事件的年份。他先后在《哈雷彗星的轨道演变趋势和它的古代历史》和《哈雷彗星今昔》中，阐述过哈雷彗星轨道演变趋势和它的古代历史，对中国历史上早期哈雷彗星的记录，进行了分析和考证，提出可以从研究哈雷彗星的回归来推测武王伐纣发生在哪一年，有助于解决相关年代学的问题，在国内外天文领域引起广泛关注。

天文学的科普，张钰哲也是不遗余力。他发表了100多篇论文，出版和翻译专著10余部，这些他留下的宝贵资料，不断地惠及天文工作者。

张钰哲是紫金山天文台首任台长，把一生的心血都奉献给了中国的天文事业。

吴学周：化学领域大写的名字

开端似也平淡
过程却可以波澜壮阔
他在化学领域
饱蘸激情和智慧
留下了浓墨重彩

科技救国的夙愿
在远洋邮轮上激荡
开创中国化学新领域

一腔热血育人才
中国原子能的发展
他竭力奉献

科学的征途漫长无垠
他奋斗到了最后一刻
仍在想
再尽一些力

他的成长

1902年，吴学周出生于江西萍乡的一个书香世家，童年被诗文古籍环绕着。1916年考入萍乡县立中学，他尤其对数学、物理和化学感兴趣。在化学老师的鼓励下，吴学周报考了南京高等师范学校化学系。

1928年，吴学周参加了公费留学生考试，以全省第一名的成绩获得了留美名额，进入美国加州理工学院攻读物理化学专业。

吴学周整天泡在实验室内，争分夺秒地学习。3年不到，他就获得了博士学位，还在《美国化学会志》上发表了两篇学术论文。

当时，量子力学的研究正风生水起。年轻的吴学周看到了分子光谱的前景，他一边完成博士论文，一边自学量子力学，逐步把自己的研究方向，转到分子光谱领域。

吴学周利用加州理工学院良好的条件，自己动手设计制作实验装置，测定了一些气体的远红外光谱，所写的论文发表在《物理评论》上。他的这些研究发现，受到了国际学术界的关注。

但他时刻关注着祖国的命运，随时准备回国贡献自己的智慧和才学。那些高薪的诱惑，那些舒适生活的挽留，他从没放在心上。

他的进取

1933年，吴学周回到了祖国，在中央研究院化学研究所做研究员。那时的中国，科学工作还非常落后，实验条件更是有限，吴学周还是与柳大纲、朱振钧等人一起完成了多项研究工作。

他沿着这条路，迈着踏实稳健的步伐一步步行进着。

在刚开展光谱基础研究时，吴学周就注意到了这门学科在物理化学研究中的应用。在中国科研界，他是最早把光谱数据应用在分子常数和热力学函数计算的光谱科学家。

1937年七七事变之后，中央研究院化学研究所迁往昆明。吴学周想方设法地保存仪器和资料，千辛万苦地搬运到昆明。到达昆明时，多种仪器和100多箱图书资料都完好无损。

吴学周优秀的组织管理能力得到了充分展现，被委任为代理所长，主持筹建科学实验馆的工作。他带领着队伍，仅用了半年时间就建成了临时实验馆，一年之后又建成了永久性实验馆，在最短的时间内让研究所恢复了科研工作。

中央研究院化学研究所在抗日战争胜利后迁回了上海，吴学周担任所长。他还在上海交通大学和上海医学院担任教授，为培养物理化学方面的人才奉献力量。

1952年，中国科学院派吴学周与严济慈等人去东北组建科学院东北分院。吴学周没有一丝犹豫，带着30多名科研人员奔赴长春，成立了中国科学院长春应用化学研究所，他仍被任命为所长。

吴学周建立中国第一个光谱实验室，并不断拓展新的学科；组织举办学习班，仅"光谱分析学习会"就为全国培养了大批科技骨干；创办长春化学学院，为科研单位和高等院校输送了上百名相关研究人员。

吴学周根据我国化学科研实际，借鉴国外成功经验，对化学所的研究方向进行调整，更符合国家建设需要和科研发展趋势。主持建立了10多个新研究室，使长春应用化学研究所成为包括无机化学、分析化学、物化与结构、有机高分子四大中心的综合研究机构，科研成果获得多项国家科技奖。

他的心愿

1983年，左眼失明的吴学周仅靠着右眼微弱的视力，在放大镜的辅助下，戴着老花镜一个字一个字地写下了一份入党申请书。写得那么认真，那么庄重，那么工工整整。

元旦种下的梦想，在秋天结出了美好的果实。病床上的吴学周接到了期盼已久的好消息——中共中央组织部和吉林省委接受他的入党申请，同意他加入中国共产党。

没有人知道吴学周那时的心情，他没有说。但是从他流下的泪珠里，从他明亮的眼睛里，人们体会到了他的心情。

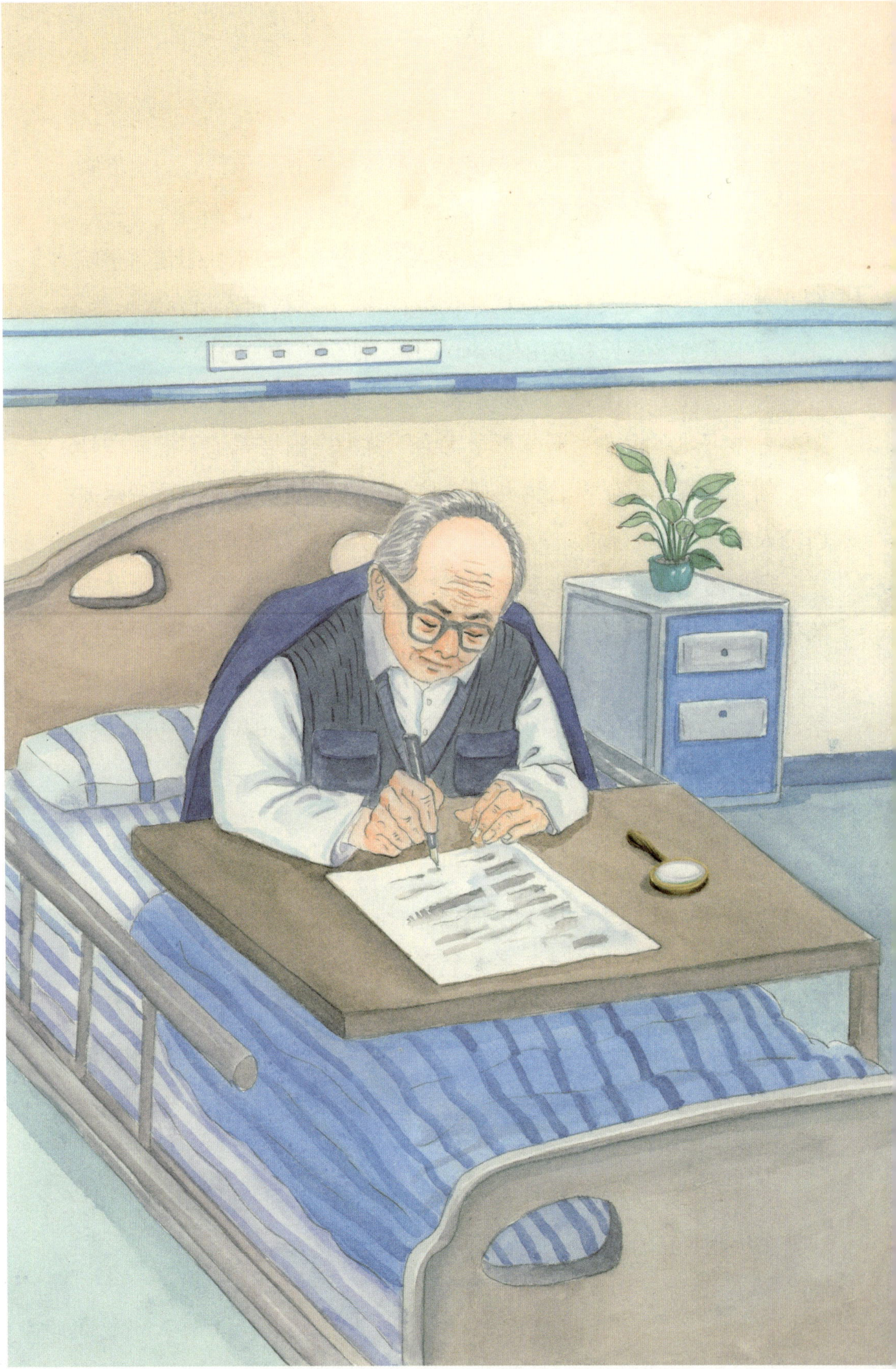

吴学周去世前参加了第一次党组织生活会,也是唯一的一次。

入党的喜悦一直萦绕在心里,他很兴奋自己实现了夙愿。时常念叨要早点儿出院,更积极地工作,要尽到党员的责任。听到他所在的党小组要开组织生活会时,他坚决要求参加:"我虽然年龄很大了,但我是个年轻的党员,我要参加生活会,跟同志们交流思想。"

这样恳切的心愿,谁能忍心拒绝?1983年9月26日,长春应用化学研究所九室和十九室党支部第二小组全体党员来到医院,在吴学周的病房里召开了一次特别的党小组会。病床上,吴学周的神情既严肃庄重,又欢欣喜悦。81岁的他,在党的怀抱里了。

有人邀请他去广州,说那里的天气温暖有利于身体康复。但吴学周婉言谢绝了,他一辈子简朴,从不给别人添麻烦。

在北京住院期间,吴学周记挂着工作,询问医生:"我到底还有多少时间?要是能再延长两三年,就可以把我手头上的科研文献材料整理出来,把自己对今后科研工作的设想写成书,都交给年轻人,我就能放心地去了。"

吴学周带着未了的心愿走了,他的爱国情怀和高风亮节却从未远走,一直在世间激励着后来人。

贝时璋：要为国家争气

他的生命
仿佛就是为了生命科学而来
细胞重建
开创生物学研究
他对生命总是充满好奇

就像那一束少年时的光
照亮他走向生命科学的路

这束光一直也没有熄灭

热爱科学
热爱祖国
这种力量丰盈着他的岁月

有限的生命
留下了不朽的贡献

习惯养成之路

1903年，贝时璋出生于浙江宁波。母亲在家里织渔网换点钱贴补家用，父亲在上海给人帮工，后来去汉口开了一家小店，把贝时璋接了过去。

因为交不起学费，贝时璋8岁才上学。家里为供他念书而节衣缩食，他都看在眼里，记在心里。

特别是上学那天，母亲对他说的"男人要成大器就得有文化"，他一直没忘记过。

母亲不识字，但她以身作则教导贝时璋要勤快节俭，与人为善，叮嘱他做人要有责任感。他很小的时候母亲就让他帮家里做事情，上学后，每天回到家也要先结一段渔网再吃饭。

贝时璋的父亲不爱说话，喜欢读书，是个很仔细的人。他让贝时璋从小就把东西放在固定的位置，不要把时间耽搁在东翻西找上。这种言传身教，让贝时璋养成了终身受益的好习惯。

贝时璋是个安静的孩子，经常一个人乖乖地坐着，或者玩一些可以坐着玩的游戏。旁边再热闹，也影响不了他，他也不羡慕人家的热闹。

贝时璋对事物观察得很仔细，也爱想为什么。父亲曾带他去上海，让他见识到了从未见过的新世界。他开始向往更大的世界，渴望走出去，去发现、去探索。

只读了4年小学的贝时璋考进了汉口德华学校，在这里，他学到很多物理、化学方面的知识。图书馆里也多是理科书籍，贝时璋每天都换着不同的书看，越看越感兴趣。

他买过一本《蛋白体》，这本书就像一束光，照进了他的心里。贝时璋从此爱上了生命科学，他想从事这方面的研究，去揭开更多的奥秘。

学校停办后，贝时璋不肯按父亲的安排进洋行工作，他要去读书，去找寻能打开科学大门的钥匙。

1919年，贝时璋考入同济医工专门学校。那一年，爆发了五四爱国运动，贝时璋和一些热血青年走上街头集会、游行，这些经历在他心里留下了深刻的印记，燃起的爱国热情一生都没有熄灭过。

追寻科学之旅

父母变卖了一部分家产送贝时璋去德国留学，他先后在弗莱堡大学、慕尼黑大学和图宾根大学攻读。贝时璋清楚自己是怎样出国

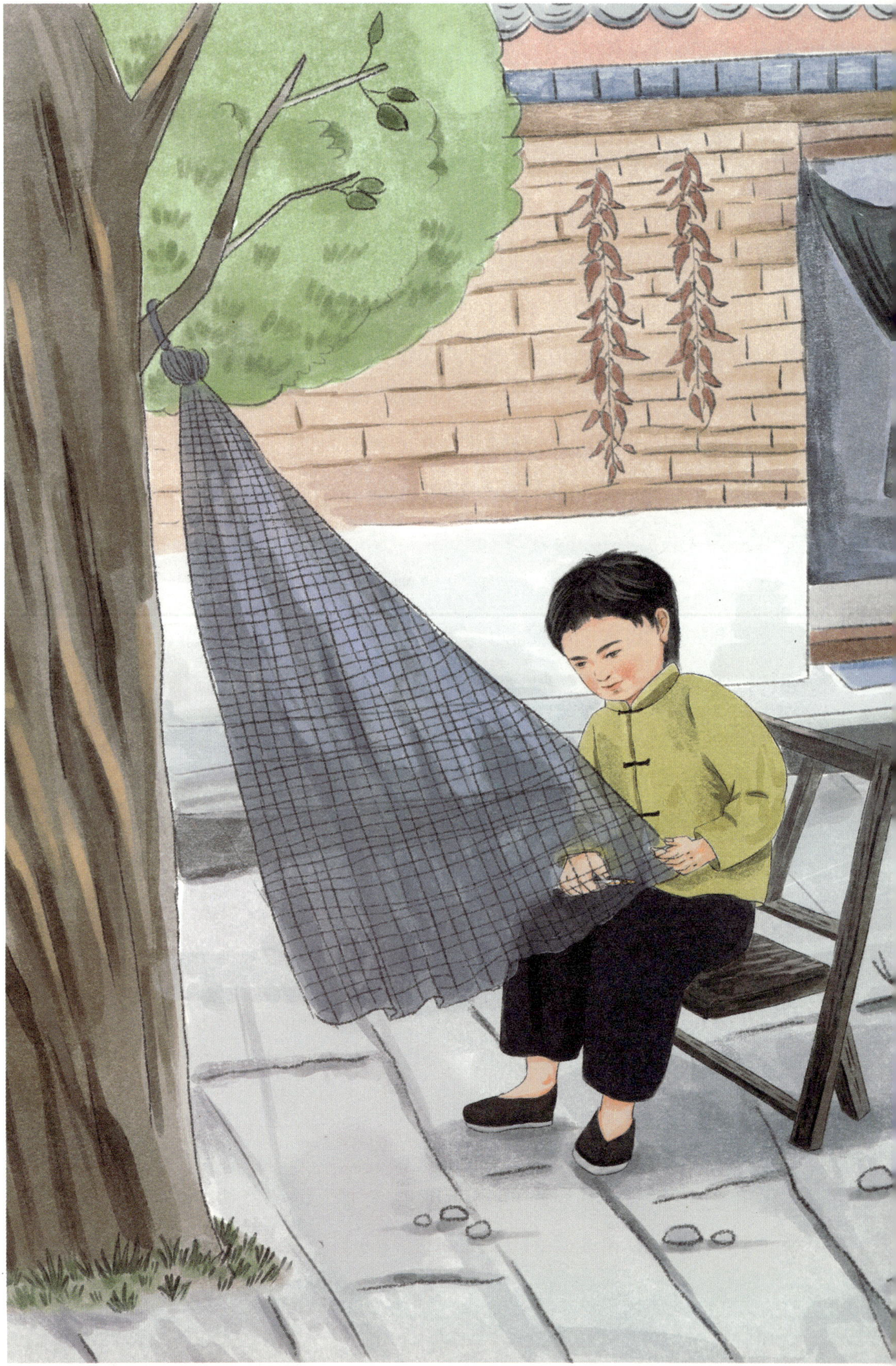

留学的，他一分钟也不愿意浪费，每天把学习安排得满满的。主修动物学，同时还学了物理学、化学和地质学等多门课程。

贝时璋不是在读书，就是在实验室里做实验，没有游玩过，也不参加娱乐活动，到处找机会参加实验或是去野外实习。他随时提醒自己，得学有所成，才能对父母家人有所交代。

在德国的8年，贝时璋的收获非常多，学到了前沿技术，积累了大量经验，也形成了自己的学术特色。

德国的学术界非常想留住这位青年才俊。可是，再高的薪水也抵不过故乡的呼唤，再优厚的待遇也抵不过他回国效力的壮志。

1929年，贝时璋回到了魂牵梦萦的祖国，来年受聘到浙江大学任教。在那里，他创办了生物系，先后开设了普通生物学、组织学、胚胎学、遗传学等课程。

一边在三尺讲台耕耘，育下大批人才，一边继续自己的研究工作，贝时璋在1932年开展了"细胞重建学说"研究项目。这一学说打破了世界生物界沿袭已久的"细胞来自细胞"理论，奠定了他在细胞生物学的学术地位。

1982年，贝时璋连发5篇细胞重建的论文，把这些年的研究成果总结成系统的理论，形成了完整的细胞重建学说。对于细胞重建理论的意义，贝时璋说："不久以后简单的生命将在实验室合成。那时，生命与无生命之间的界限，也不再是固定不变了。"

探寻生命之道

哪怕随时面临日军飞机的狂轰滥炸，贝时璋都没有中断过科研工作。1937年七七事变爆发后，浙江大学被迫西迁。途中一有机会，贝时璋就架好显微镜，观察画图。

仪器和资料是西迁路上他最看重的宝贝，这些都是教学研究必不可少的。这些东西一直被他保护周全，局势稳定后，使生物系很快就恢复了教研工作。

贝时璋还开创了放射生物学研究，以适应我国原子能和平利用的需要，助力两弹试验。我国的航天事业刚起步时，贝时璋就创建了宇宙生物学研究室，在相关部门的支持下，发射了5枚生物探空火箭，成功回收搭载的生物样品和实验动物，进行了生理学、细菌学等研究，获得了第一批宇宙生物学资料，对中国的生命科学研究和载人航天事业，有着极其重要的作用。

科学于他，就像儿时喜欢的游戏，需要专注投入，也充满无穷乐趣。贝时璋钻研了一辈子，也没疲倦。如他所说："一个科学家，首先要热爱科学，不是为名为利，而是求知求真，为国家做贡献。"

郑作新：鸟儿对他说声谢谢

要写中国人自己的鸟类专著
要为中国开创鸟类学研究事业
他在异国立下宏愿

回国后一点点从头做起
野外、密林、高山、湿地
他追寻着鸟儿

给鸟儿做完整的档案
把爱鸟护鸟的理念
传播四方

小时候听着看着的鸟儿
陪伴了他一生
虽已远去
他仍与鸟儿同在

初现

鸟在中国文化中有独具一格的含义。

精卫就是一只鸟，它有锲而不舍的精神和宏大坚定的志向，不屈不挠，矢志不渝。

金乌也是鸟，它驾着太阳神车，于是就用来指代太阳。金乌象征光明，也象征着希望。

有个人爱鸟爱了一辈子，也一辈子跟鸟打交道。他就是郑作新。

1906年，郑作新出生于福建福州，幼年丧母，常年在外地工作的父亲顾不上对他的照顾，奶奶的爱暖暖地环绕着他的童年。

奶奶劳作之余会给他讲故事，他最爱听的是《精卫填海》，精卫的执着坚韧在他脑中留下了极深的印象。

郑作新背上奶奶做的小书包，开开心心地上学了。他学习很刻苦，到了废寝忘食的程度。有一次他正聚精会神地读书，突然晕倒了。

从外地赶回来的父亲说："你这样怎么顺顺利利地念完中学、大学？怎么为国家效力？这都得首先有个好身体啊！"

郑作新记住了父亲的话，痊愈之后，他就开始锻炼身体，成了学校里的运动健将。短跑第一名、跳远第一名……他一个人包揽了好几个项目的冠军。

大量的运动锻炼没有耽搁郑作新的功课，反而因为身体好了，学习更加顺畅。原本需要6年学完的功课，只用4年就完成了。

15岁的郑作新去福建协和大学报名应考，看着这个明显没到16岁报考年龄的孩子，报名处的老师婉言劝他再等等，后来又找来教务长，教务长也让他明年再考。郑作新很委屈地回去了。

中学的朱立德校长给福建协和大学写了一封保荐信，非常诚恳地说明了他的情况，请协和大学给他一个参加考试的机会。

出乎协和大学所有老师意料的是，郑作新的考试成绩十分优秀，特别是英语成绩。郑作新被破格录取。

郑作新提前半年完成了大学学业，赴美国密歇根大学生物系继续深造。勤工俭学的同时，他依然保持优异成绩，被聘为助教。

缘起

郑作新喜欢逛博物馆，琳琅满目的展品，让他有品味大餐的愉悦感。但有一次，他却如鲠在喉，内心被尖锐地刺痛。

那天，他正欣赏各种各样的动植物标本，一只非常艳丽的大鸟与他的眼神相遇了。

那是只产于中国的红腹锦鸡，生活在秦岭一带，宝鸡附近有座金鸡岭，那里是它的故乡。然而展牌上的说明文字却写着，1758年由瑞典人发现，并以拉丁文命名。

不仅如此，那时候连中国鸟类的研究专著都是外国人撰写的。

中国的鸟类怎么只能由外国人命名研究？他想起家乡山林里的鸟。他的家在鼓山脚下，连绵的绿树中，住着许许多多的鸟儿。

他小时候常和伙伴们去山上玩，听熟了那些鸟儿的叫声。他不但认识很多鸟，甚至光听鸣叫声就知道是什么鸟。

他在"金鸡"标本前立下宏愿：我要撰写中国人自己的鸟类研究专著！我一定会成功的！

郑作新放弃已步入轨道的胚胎学研究，走进了鸟类学的世界。

怀着为国家开创鸟类学研究事业的志向，郑作新获得博士学位就回到了祖国，在母校协和大学任教。

国家急需人才，大学缺少教材，郑作新陆续编写了《大学生物学实验教程》《脊椎动物分类学》和《普通生物学》等教材。

当时中国在鸟类学研究领域完全没有基础，郑作新就一点一点地做起。他教课，写教材，去野外考察，收集鸟类资料。

鸟儿总是在清晨早早地起来活动，他要配合鸟儿的活动时间，就要起得更早，爬过高山，穿过丛林，才能来到鸟儿们聚居的地方。

抗日战争时期，协和大学迁往邵武的那几年，郑作新就这样带学生去武夷山周边考察，分清鸟的种类，记录它们迁徙和居留的时间，观察鸟类的数量消长等情况。

那是我国第一次开展现代意义上的鸟类考察活动，郑作新根据

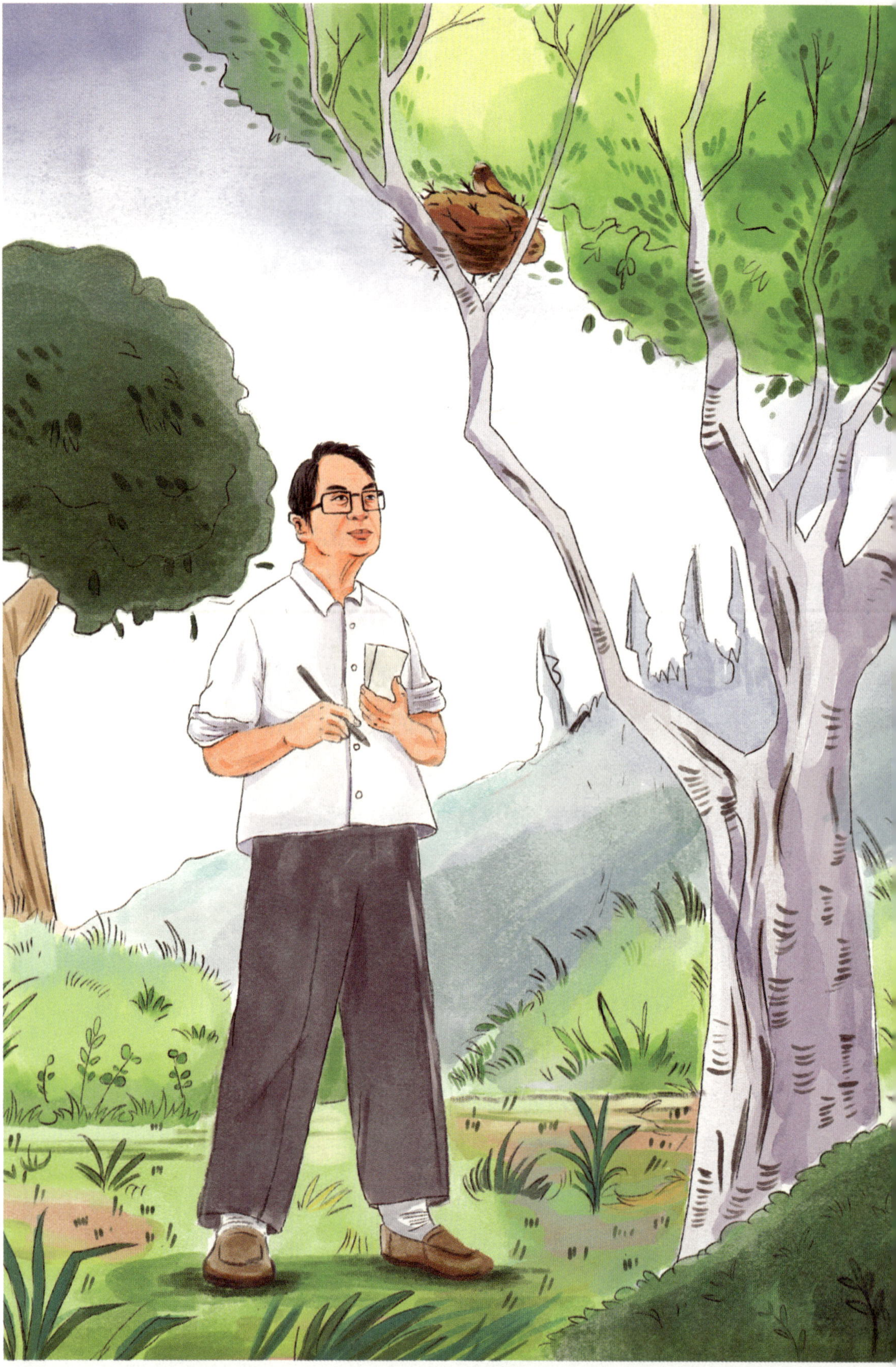

累积下来的材料，写成了《三年来邵武野外鸟类观察报告》，是我国第一篇关于鸟类数量统计的实地考察报告。

郑作新100余万字的《中国鸟类分布名录》，记载了全国各地、从古到今鸟类的情况，对中国的鸟类做了一次细致的梳理，初步确定了学名和同物异名，理清了种和亚种的分布。

那些他小时候看着的听着的鸟儿，有了自己的档案。

终生

郑作新查阅大量资料，多次实地考察，找到了我国的"原鸡"——云南的茶花鸡。证实了中国的家鸡并不是达尔文所说的从印度引进，而是被我国劳动人民在漫长的岁月里驯化的。

中国的鸟类学研究起步比较晚，国外的鸟类专家早已经对各类鸟儿有了深入的研究，全世界范围内也很难再发现鸟类新种了，但郑作新和助手们踏遍山林，先后发现和甄别了25个鸟类新亚种。

郑作新奔走在祖国大地上，几十年来足迹几乎遍布全国，他毕生的精力和心血都献给了中国的鸟类学研究和鸟类科研人才培养。

在科学考察的过程中，他收集各种鸟类标本，建立起我国规模最大的鸟类标本库，所藏的标本有6万种左右。

郑作新出版了20多部专著，实现了自己立下的誓言，还写了几百篇科普作品，把爱鸟护鸟的理念播撒到人们的心里。

他在1987年出版的《中国鸟类区系纲要》一书里，首次对我国整个鸟纲动物进行了系统总结，为世界鸟类学提供了完整的中国鸟类资料，也为我国自然保护区的建立和动物保护法的制定做出了重要贡献。

1992年，郑作新用自己的奖金成立了我国第一个鸟类科学青年奖基金，以激励那些有志于探索鸟类世界的年轻人。他期盼中国的鸟类学研究人才绵绵不绝，中国的鸟类学事业继续发扬光大。

人与鸟，同属于这个地球。怎样通过对动物的研究和保护，探索人与自然和谐共处，这，是一个长远的课题。

郑作新爱了一辈子鸟，他虽已远去，他的信念仍在高山密林、平原湿地、边疆海域，与那些鸟儿同在。

郭永怀：天空上闪亮的星

生长在海边
心却在蓝天
内忧外患的形势下
开启航空专业的路

远渡重洋
学习先进技术
历经艰难
回国开创事业

荒凉的戈壁滩
浇灌了多少汗水和心血啊
终于盛开了壮丽的沙漠之花

天空上
还升起了一颗星
那是他送给女儿的礼物
那是他送给祖国和人民的礼物

他登上了轮船，又走下了轮船

1909 年，郭永怀出生在山东荣成。他从小就听长辈讲，甲午战争时日军曾在他的家乡郭家村登陆。老人们说起北洋水师战败的屈辱，那种悲愤的样子深深地印在他的脑海中。

郭永怀直到 10 岁才上学，他知道自己学好本领报效祖国的机会来了，拼命地学习。格外勤奋又天资聪颖的郭永怀，成了家乡的第一位公费中学生，然后又成了第一个大学生。

1933 年，郭永怀考上了北京大学，成为著名物理学家饶毓泰先生的得意门生。饶先生很喜欢他，让他担任助教。

1937 年七七事变后，北京大学、清华大学和南开大学西迁组成国立西南联合大学。郭永怀奔赴昆明，一路上目睹了老百姓的生活惨状，天空中盘旋的日军飞机让他认定，有强大的军事力量国家才不会挨打。也是那时候，他立下了要学习航空技术的志愿。

1938年，郭永怀参加了庚子赔款留学生考试，成绩公布后，他的功课全是满分，还有两个人也是满分，三人并列第一。与郭永怀同分的，一个是钱伟长，一个是林家翘，都是后来著名的科学家。

郭永怀与同被录取的学生一起准备远渡重洋，上船后，却发现护照竟然是由日本政府签发的！他们强烈要求更换护照，但英国代办人员拒绝更改，否则别去留学。

国家尊严，民族气节，岂能磨灭！郭永怀等20多名同学全体下船，放弃了这次机会。

那天，他又上了船

再次得到留学机会，是1940年，郭永怀来到加拿大多伦多大学，半年时间就取得了硕士学位。之后在美国加州理工学院学习期间，他遇到了挚友钱学森。

1946年，郭永怀被推荐到康奈尔大学任教。最喜欢开车带他兜风的钱学森，也要去麻省理工学院任教。两个人一路无言，但郭永怀明白钱学森的心理。到了康奈尔大学，他就对校方说："我来是做研究的，以后会离开。"

对于审查表格里的"如果发生战争，你是否愿意为美国服兵役？"，他没有丝毫犹豫就写下了"不"。也因此，他无法接触机密资料。但是，对一个专心科研的人来说，他对科学技术的钻研绝不会止步。

飞机飞行的最大问题是突破音障，郭永怀开始主攻这一难题。他与钱学森一起刻苦钻研，终于有了重大发现，这一难题被成功攻克。

事业成功的同时，郭永怀与妻子李佩在康奈尔大学相识、相恋。婚后，有了可爱的女儿，妻子也成为康奈尔大学的教师。年轻有为，家庭美满，生活富足，这是多少人梦寐以求的啊！

郭永怀的心，却越来越不安。他想回家，回到永远的家乡——中国。他没忘记祖国正等着他回去贡献力量。

朋友和学生劝他留下，郭永怀如孩子般纯澈的眼神里透着坚定："家贫国穷，只能说明儿子的无能。"简单的一句话，铿锵有力。

那天，他下了船

1950年，郭永怀就被美国政府监视，常有不明身份的黑衣人徘徊在他家周围。危机重重，但他从未放弃回国的念头。

1953年，郭永怀想趁到英国讲学的机会绕道回国，未果。他焦急，他度日如年，但仍在想各种办法。

1955年，中美日内瓦谈判后，中国学者终于可以回国了！

郭永怀将自己多年积累的讲义资料和研究成果，全部烧为灰烬。妻子痛惜，劝他："我们把这些资料带回国，可以继续用啊！"他说："这些东西是带不走的，只会惹来麻烦。我已经把知识都装进我脑子里了。"

1956年9月他踏上了回国的邮轮，可这时，美国移民局和联邦调查局的人员上船了，逐一搜查他们的行李。妻子这才明了他之前的举动，两人相视而笑，同时松了口气。

回国后，郭永怀担任了中国科学院力学研究所副所长。他终于能为祖国效力了，他的心愿就是"希望国家强大起来，再也不受欺侮"！

郭永怀把家里的东西搬到了力学所，有书籍和资料，还有电器和他珍爱的手摇杆计算机。他是个兴趣广泛的人，喜欢集邮，热爱音乐，对植物如数家珍。但他都放弃了，再也没有娱乐的闲暇。

负责原子弹和氢弹研究生产的设计九院于1958年成立，时任核武器总设计师的钱三强，找到钱学森说他需要一名力学家。那天，钱三强来到郭永怀家，长谈到深夜。从此，郭永怀和妻子女儿聚少离多。

他登上了飞机，却没有走下飞机

郭永怀带领团队在青海核试验基地艰难地探索。他太珍惜时间了，白天不停地忙碌，晚上直接睡在钢丝床上，从不铺褥子，他说这样一翻身就疼醒了，就不会睡得太久。

海拔3800多米的青海核试验基地，飞沙遍地，一片荒凉，最低气温零下40多摄氏度。喝的是煮不开的碱水，吃的是煮不熟的饭，郭永怀与大家在那样艰苦的环境中坚守着，为了将要绽放的蘑菇云。

1964年，中国第一颗原子弹爆炸成功；1967年，中国第一颗氢弹爆炸成功。这两个消息，让中国民众为之沸腾。而那些隐姓埋名的科学家英雄们，仍在夜以继日地进行着新的设计研究。

1968年12月4日，郭永怀准备乘坐当晚的夜班飞机，把新发现的重要数据送到北京。其实当时，因为航空技术不发达，周总理是不让科学家们乘坐飞机的，郭永怀却为了节省时间，经常坐飞机来往于青海与北京之间，他笑着说："我就是研究这个的，不怕。"

12月5日凌晨，如果没有意外，这架飞机会在10秒钟后降落。

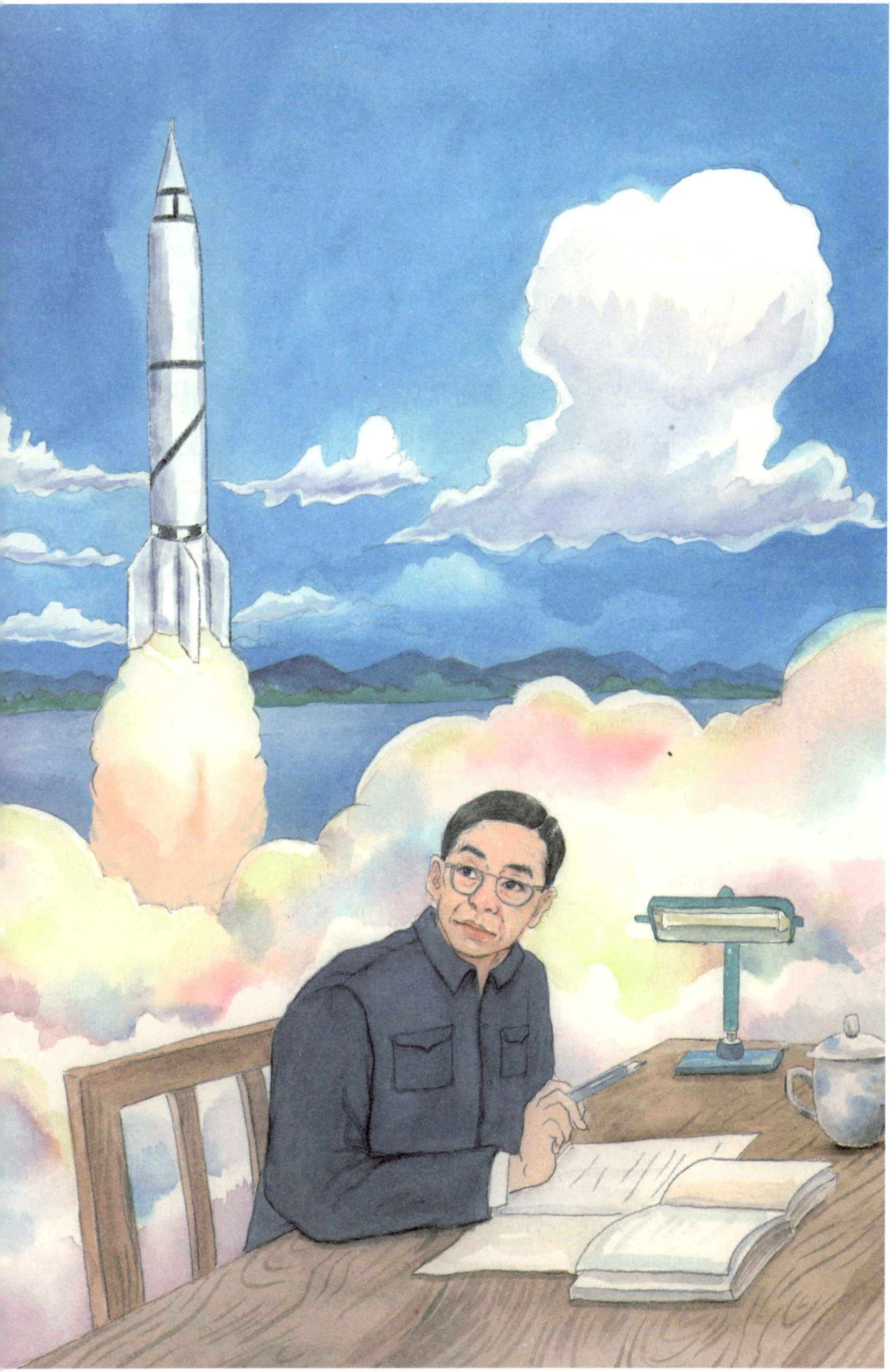

可是意外发生了，在距离地面400多米时，飞机突然失去平衡，一头向地面栽去。瞬间浓烟滚滚，机毁人亡。

当搜救人员从飞机残骸中找到郭永怀时，发现他和警卫员牟方东紧紧地抱在一起。人们艰难地把两具烧焦的遗体分开，掉出一个公文包，里面的文件完好无损。

那些文件就是郭永怀要带回北京的绝密文件，是热核导弹试验新得到的关键数据。在那生与死的10秒钟，他想到的是护住那个强国的梦。他和警卫员用生命保护下来的资料，为热核导弹试验的成功提供了保障。

20多天后，中国第一颗热核导弹试验成功。一年半后，中国第一颗人造卫星发射成功。只是郭永怀，却看不到了。

1999年，"两弹一星"功勋表彰会上，郭永怀是23人中唯一一位在核弹、导弹和人造卫星三个领域都做出了巨大贡献的科学家，也是唯一一位以"烈士"身份被追授勋章的科学家。

2018年7月，国际小行星中心正式向国际社会发布公告，编号为212796号小行星被永久命名为"郭永怀星"。

他是照亮我们今天的路，并指引我们向前的那颗星。

谈家桢：探寻生命密码

自然万物总是
充满强大的吸引力
他想走进那片
神奇的世界

他的勤奋和执着
感动果蝇和瓢虫都来帮他
再艰苦的条件
也能创造出无限的可能

生命在向前
生命科学也在向前
他用自己的生命
去破译生命的密码

他的精神
永远闪耀在遗传学领域

爬上树看知了的孩童

谈家桢1909年出生在浙江宁波，父亲在杂货铺帮工，母亲不识字。但宽容慈爱又严格教子的母亲，给了他春风化雨般的教导。

小时候的谈家桢对周围的事物都想探个究竟。花儿为什么有各种颜色？树叶在秋天是怎么变黄的？

有时父母能告诉他答案，有时父母也不知道，就跟他说要好好读书，长大了自己去寻找答案。

可是"长大"太遥远了，怎么才能尽快地知道那些答案呢？用功读书，用心去观察，耐心地总结其中的规律。慢慢地，他学习到很多知识，养成了勇于探索求知、善于追本溯源的好习惯。

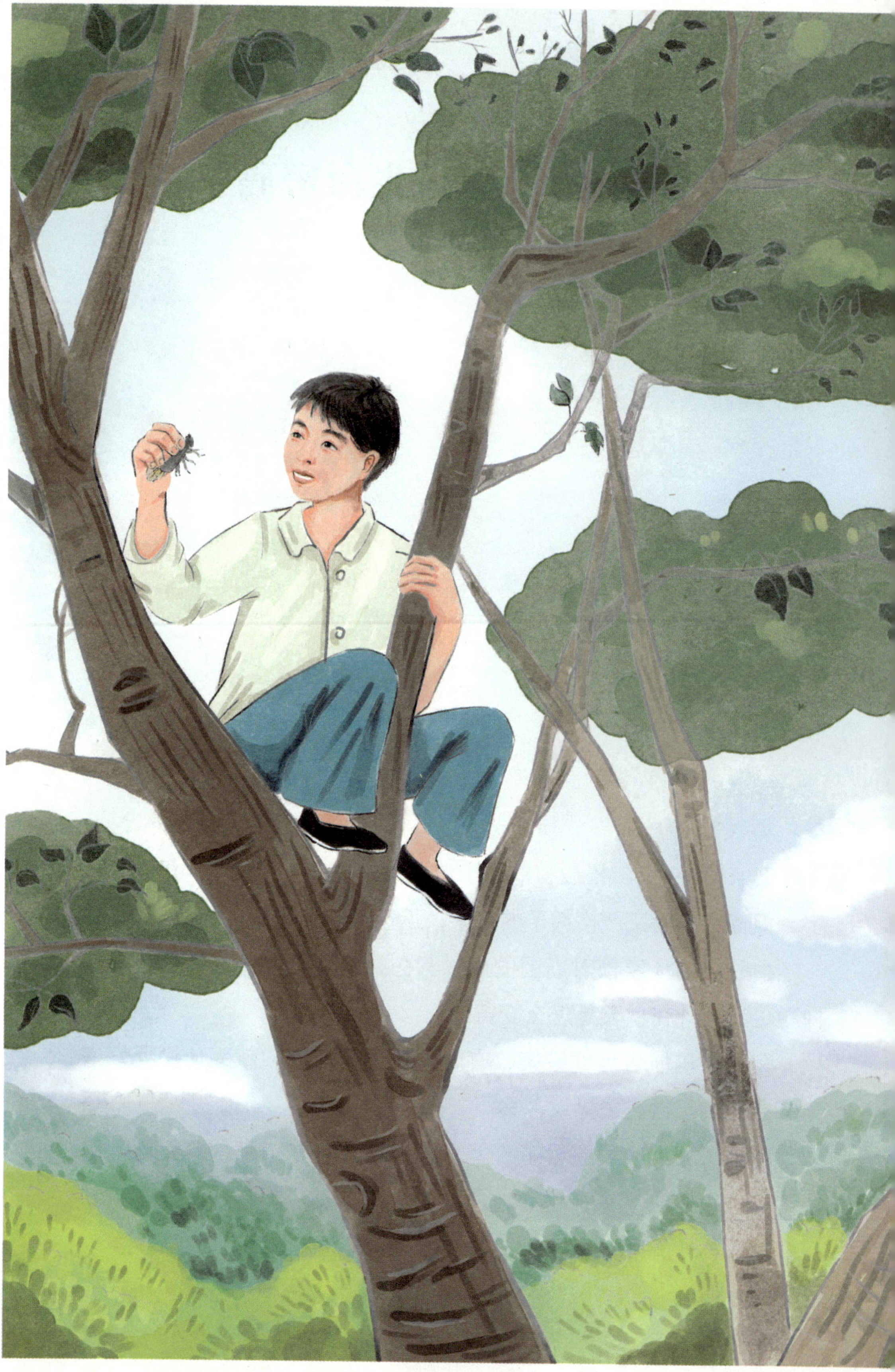

谈家桢聪明机灵，也闯过很多祸。严肃古板的父亲要打他，母亲总是像老母鸡护鸡雏一样搂住他。心细的母亲了解自己的孩子，她知道谈家桢不是贪玩，而是为了探寻那丰富多彩的大自然。

无论是上树，还是下河，他都能从中学到知识。在母亲的庇护下，谈家桢的童年过得畅快无比，在田野中，在自然中，他的天性得到了释放，与万物有了亲切的情感。

或许就是童年种下的种子吧，让他对神奇的自然现象有了细微的感知，以后走上了探索生命密码的道路。

正如他晚年时所说："儿时的我喜欢爬树，在树上我可以尽情地观察大自然。江南的青山绿水，蝉唱蛙鸣，在我的脑海中留下了深刻的印象，这对我日后攻读生物学，不能不说有潜移默化的影响。"

他还曾说过："我很小时就有一种'本源'意识，对感兴趣的东西'刨根问底'。我小时候常对着镜子问自己：'我是怎么变出来的？''人又是从哪里来的？''到底谁创造了世界？'这种带着好奇心的企求认识自身的思想萌芽，每每诱发着我的想象。"

那些答案，正在远方召唤着他，引领着他进入科学的世界。

谈家桢长大了，上了中学，上了大学。

1934年，他来到美国加州理工学院，攻读博士。那时他的主要研究方向是果蝇种群间的演变，把在果蝇唾腺染色体上的新发现，创造性地应用于分析果蝇的亲缘关系，由此探讨生物进化机制，为现代综合进化论学说提供了重要论据。

读博期间，他发表了10多篇论文，年纪轻轻就在世界遗传学研究领域展现出了绝佳的学术能力。

但拿到博士学位后，谈家桢还是放弃了国外先进的科研条件和优厚的工作待遇，怀揣着科学救国的志向回到了祖国。

破解生命密码的学者

1937年，回国后的谈家桢在浙江大学生物系任教。可以为中国的遗传学奉献力量了，他内心喜悦，认真备课教学，耐心解答学生的疑问。年轻又有才华的谈教授，赢得了学生们的喜爱。

1937年，抗日战争全面爆发，一些大学陆续西迁。谈家桢随浙江大学西迁期间，仍在因陋就简地继续着遗传学实验。

贵州湄潭的一个破旧祠堂，成了浙江大学生物系的实验室，谈家桢带着学生在昏暗的祠堂里用显微镜观察果蝇和瓢虫，详细地记录数据，一点细微的发现都不放过。

在竹管瓦盆做器皿、油灯照明的简陋条件下，他发现了瓢虫鞘翅色斑变异现象，提出了在国际遗传领域引起巨大反响的"异色瓢虫色斑镶嵌显性遗传"理论。

谈家桢的研究成果，结束了研究分类学中主观命名的历史，丰富和发展了摩尔根学说，成为遗传学教科书的经典内容。

谈家桢的工作涉及果蝇、瓢虫、猕猴、人体、植物等多个类别，研究细胞遗传、群体遗传、辐射遗传、毒理遗传、分子遗传等，对我国的基因学说及遗传学理论做出了巨大贡献。

他出版了《生物学引论》《基因与遗传》《基因工程》《谈家桢论文集》等学术著作，为遗传学领域的继任者留下了宝贵的科研资料。

20世纪60年代，谈家桢就关注到辐射遗传学和人类的健康幸福有着极强的关联，国际上已经发展为一门新兴的学科，他向上级部门建议把它及时纳入研究规划。

他还和助手结合我国国情，开创性地用猕猴研究辐射遗传学，为我国原子能的和平利用提供了详尽的科学根据。

遗传学领域的引路人

谈家桢一生奋斗在遗传学领域，中国的第一个遗传学专业是他创办的，第一个遗传学研究所是他建立的，第一个生命科学院也是他组建的。他还为中国的遗传学研究领域培养了大批优秀人才，使中国的遗传学研究事业从无到有，由弱到强。

他最开心的是学生取得了成就，一直鼓励学生要超越自己，创造条件让学生施展才华，提出见解让学生拓展思路。

每当看到学生在学术上有新的成绩，他都会由衷的高兴，也会欣喜地对别人提起，说那些学生比他强，他坚信一代胜过一代。

谈家桢讲课旁征博引，深入浅出，每一条脉络都清清楚楚。学生们上他的课，既能真正地理解和记忆，又能汲取前人的经验教训，更深入地去探索科学规律。

谈家桢教导学生一定要注重基础知识、基础理论和基本实验技术，只有打好了地基，才能修建起科学的高楼大厦。他培养出的青年学子，都有着较强的适应能力和独立工作能力，在科研中既团结协作，又能独当一面。

80岁生日时，谈家桢宣布用自己的稿费和积蓄设立"谈家桢生命科学奖学金"。之后，他也多次用稿费捐资扩充奖学金基金。

他的80岁寿辰的答谢词里，有这样几句："人是要有点儿信念的，也是要有点儿精神的。有了这些，即使在事业上，或者生活上遇到挫折和不尽如人意的困难，也会有逆流而上的勇气，绝不因此垂头丧气，自暴自弃，或者怨天尤人，嫉妒他人。"

谈家桢对科学的执着与勤奋，对教育的坚持与进取，像天空中那颗闪亮的"谈家桢星"一样，照耀着遗传学领域的学子们。

国际遗传学学术界称他是"中国的摩尔根"。他，是中国的谈家桢。

鲍文奎：为老百姓吃饱肚子做些事

异国他乡的阳光
比不上心中的信念强烈
他一心只想回国
为祖国的农业腾飞尽力

再多的波折也挡不住
满腔的报国情怀
再辛苦的实验也磨不糙
追求真理的壮志

小黑麦从最初就陪着他
看着他
不断改进高效育种技术

他满手硕果
终身都在探索
他一生勤奋
向着科学而行

向着科学的求索路

1916年，鲍文奎出生于浙江宁波的一个富裕家庭，童年过得比较顺遂，能无忧无虑地读书学习。他聪明好学，深得先生赞赏。

鲍文奎按部就班地读了小学、中学，兴趣广泛的他对世间万物有着极强的好奇心，博览群书，积累了深厚的文化功底。

高中时，鲍文奎对生物学产生了浓厚的兴趣，他已经对达尔文的进化论有所了解，经常和同学讨论相关问题。有时候向老师请教，能把老师难住，老师鼓励他再往上攻读，去寻求答案。

一心要探寻更深学识的鲍文奎，19岁时考进了中央大学农学院。来到这里，他像进入了一个长着各种各样"知识树"的大花园。鲍文奎勤奋地学习，一直保持着优异的成绩。

毕业后，鲍文奎在四川省农业改进所从事小麦育种和栽培研究。能做自己喜欢的工作，他很开心，但他觉得自己的学识还不够，还想更进一步。于是1947年，鲍文奎考入美国加州理工学院生物系，攻读遗传学博士学位。

鲍文奎仍延续着植物育种应用方面的研究，想要学好遗传学，来改变中国农业落后的现状。

读博期间他与人合作发表了十几篇论文，年轻的科学家已崭露头角，未来不可估量。导师劝他留在美国，但祖国农业腾飞的使命感，比加州的阳光更加强烈。

1950年年初，鲍文奎做好了回国的准备，他知道国内急需科研仪器和材料，有条不紊地准备紫外光管、X光管和秋水仙素等相关用品，打算回到国内就马上投入研究。

惊心动魄的回国路

鲍文奎登上了回国的邮轮，那时美国当局还没发出禁止中国留学生离境的法令，100多名中国学子幸运地起航了。那艘船上坐着后来的12位中国科学院院士，有邓稼先、赵忠尧等。

邮轮经停洛杉矶时，美国情报人员上船检查，查扣了一些人的行李，还说学术文件和资料不能带离美国。

经过了这番波折，邮轮又开始了航行。到达日本横滨时，广播里突然呼叫4名旅客的名字，说要给他们调整房间。那4个名字里，有鲍文奎。除了鲍文奎因晚睡晚起的生活习惯，没有听到广播，没离开自己的房间，另外3名留学生都被美方扣押了。鲍文奎虽然逃过了此劫，但心里难免忐忑，不知道此次行程，到底还有多少险阻。

1950年9月17日，邮轮到达菲律宾马尼拉，再有两天就能回到祖国了。鲍文奎悄悄地松了口气，内心期盼着航速快点儿，再快点儿。可是，广播又响了，这次只呼叫了鲍文奎一个人的名字。

美国情报人员和菲律宾警察联合来搜查，他们详细搜检了鲍文奎的行李，没有什么异常。想强行扣留鲍文奎，但缺乏在菲律宾抓人的正式手续。因为天气原因，邮轮提前起锚，幸运女神又一次眷顾了鲍文奎。

好在之后的航线顺畅，下船的时候，他的心脏在欢跃地跳舞，太难了这一路。

中国科学院上海植物生理研究所邀请鲍文奎前去工作，但他婉言谢绝了，他还记得他来时的路，他要回到他暂别的地方。

不断进取的科研路

回到四川省农业改进所，鲍文奎向领导汇报了进行多倍体育种研究的设想，获得了大力支持，很快就建立起了谷类作物多倍体实验室，主要研究小黑麦、大麦、黑麦和水稻等谷类作物。

他和助手用了两年时间，便获得了第一批多倍体原种。虽然后来因种种原因，研究暂停，但鲍文奎心里报效祖国的火苗从未熄灭过。

1954年，用多倍体品种间杂交来改进多倍体新物种有了很大进展，高产优质的目标曙光已现，鲍文奎加快了研究的步伐。

为了减少经费支出，鲍文奎带领助手做了多种国产药剂的对比试验，终于发现了一种廉价易得而且符合实验标准的药剂，用以替代高价进口的秋水仙素。进行了人工加倍染色体数目的技术革新，

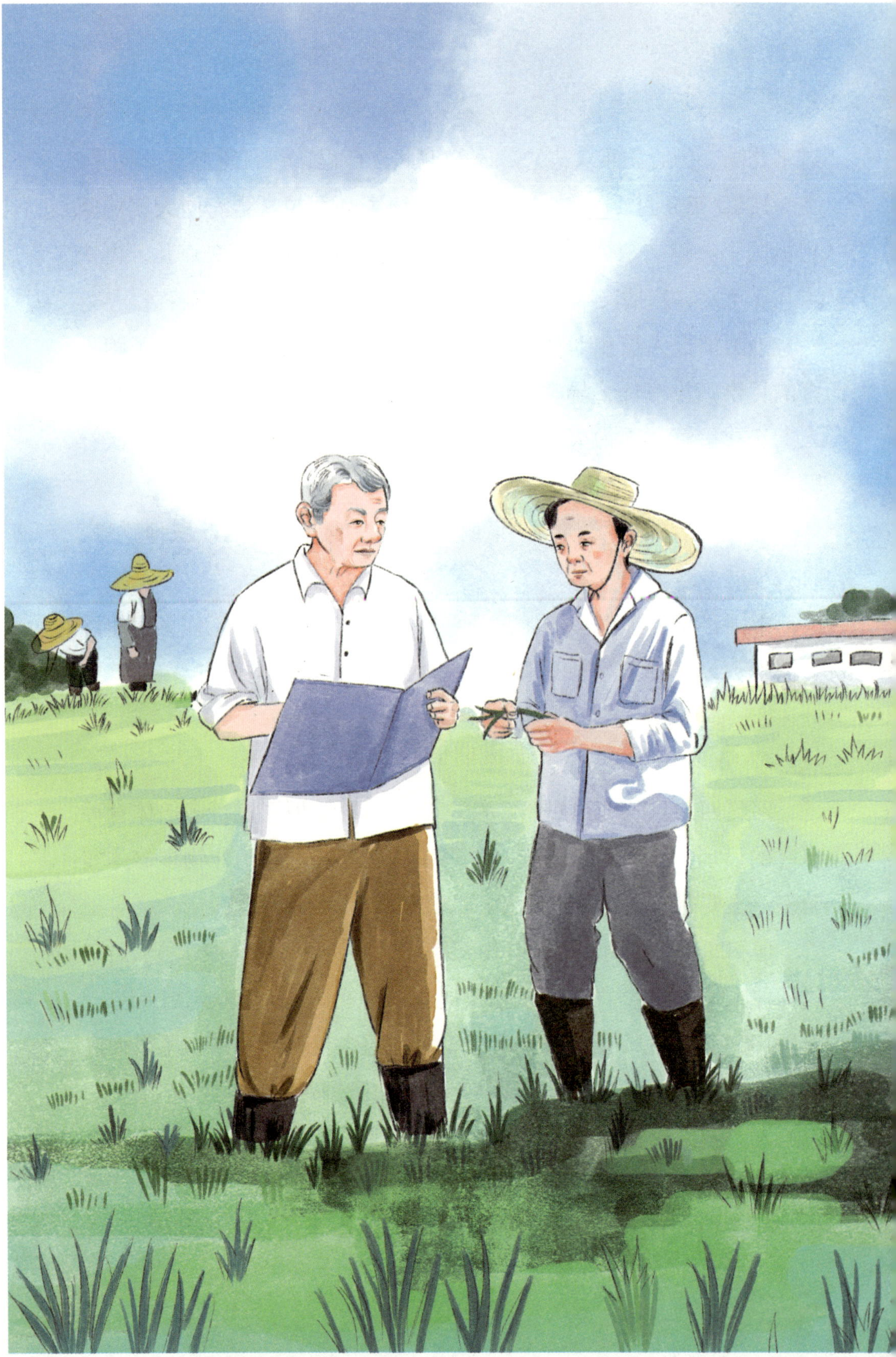

简化了制种手续，大大提高了制种效率，使每年只能制造一两百个的小黑麦原种品系，跃升到一年可以制造出2000多个。

他们用这些原种连续配制了上千个杂交组合，进行迭代选育，优中选优去解决小黑麦结实率低和籽粒不饱满的问题。他首创"中国春"等小麦品种为桥梁选育小黑麦原始品系，将异源八倍体小黑麦应用于生产，培育出了可推广的"小黑麦2号"和第二代矮秆八倍体小黑麦"劲松5号"等新作物良种。

特别是"劲松49号"和"黔中1号"等品种在高寒地区和丘陵地区推广，极大地提高了小麦的产量。

鲍文奎总结了国外的先进经验，也吸取了他们的教训，在不同类型的籼粳稻之间杂交，制造了大批四倍体水稻的育种材料，改进了四倍体水稻的性状。

在国际粮价波动巨大，粮食安全问题日益严重的形势下，我国三大主粮稻谷、小麦和玉米为什么能自给率达到98%以上？我们的饭碗为什么能稳稳地端在手里？

首先是国家层面上的政策调控，严守耕地红线，绝不放松。持续加大对农业的投入，如农田水利建设，还有深受老百姓好评的良种补贴和粮食直补等扶持政策。

也离不开像鲍文奎这样的科学家，在实验室里进行烦琐精细的实验，在试验田里不辞辛苦地选种育种，不断改进高效育种技术。

正是这些缺一不可的因素结合起来，才使我国粮食产量有了大发展，把粮食安全问题牢牢地掌控在自己手中。

在国家粮食增收的路上，总有一些人，留下了脚印，引领着方向。

鲍文奎将毕生精力献给了我国的植物多倍体遗传和育种研究，

还把自己的心得体会和经验教训记录下来，出版了《禾谷类作物的同源多倍体和双二倍体》《八倍体小黑麦育种与栽培》等著作，给人们留下了可供学习借鉴的宝贵资料。

他和严育瑞合撰的《中国八倍体小黑麦》，融进了两人40年的心血，是八倍体小麦在中国初期发展史的实况记录，对小黑麦育种工作有着深远的影响。

鲍文奎一生正直勤奋，始终爱国爱科学，把"为中国的老百姓吃饱肚子做些事"坚持到了生命的终点。

吴征镒：能听懂植物的语言

世界是个大花园
长满了他热爱的植物
阳光真好
花呀树呀都鼓足了劲儿
使劲儿地生长

长大了
才能让他看见呀
他会给起一个好名字

也会小心翼翼地
把那些资料保存好

他的心里
装满了植物
从小到老
终其一生
都与植物相伴

家里的植物乐园

1916年，吴征镒出生于江西九江，1岁时举家迁回江苏扬州。

家里的大花园是吴征镒的乐园，他经常一个人在那里跑来跑去，到处探寻新鲜有趣的新发现。

春天的雨后，他最喜欢去竹林里看春笋拔节。真是太神奇了，明明是刚露出头的小尖尖，不一会儿就长出半拃高。不管他再怎么讶然惊呼，竹子还是自顾自地生长，伴随着簌簌的声响，竹笋越来越高。哎呀，小竹笋可真棒！

年少的吴征镒感受到生命的神奇，也被植物的奥秘吸引。他待在花园里看花看草看叶子，春华秋实、花谢花开、叶生叶落，花园里总有让他纳闷儿的事。

他在父亲的书房里翻到一本清代吴其濬所著《植物名图实考》，如同童话里的孩子遇到了宝瓶。他拿着那本书"按图索骥"，采集了身边所见到的每种植物的标本，对照书里的图片和介绍，觉得又有趣又好玩儿。每天放学后，他就乐此不疲地做这些事。

家里有座名为观海楼的藏书楼，是除了大花园以外他最爱的地方。他每天躲进书里，与古人先贤对话，看的书愈多，获益就愈多。优秀传统文化的精髓丰富了他的内心，而大自然拓宽了他的眼界。

上了中学，老师给他们详细地讲解植物的构造和特征，让他们给植物画图，教他们解剖花果的方法。和他小时候自发地看花看草不一样，知识被老师穿成了长长的珠链，让他对自然学科有了初步的认识。

高中的生物老师非常喜爱这位勤奋好学的弟子，看到他收集的植物标本后，对他做的卡片标注大为惊叹，为他举办了一次展览，还邀请其他班级的同学来参观。那次展览，可真是学校里前所未有的事，引起了不小的轰动。

清华的植物之门

立志从事植物学研究的吴征镒要报考清华大学生物系。父亲捋捋胡子，不解，再捋捋胡子，还是不解，就问他："你学这个有什么用呢？花啊草啊的能做什么？"这一问，吴征镒也愣住了。他只是喜欢，从来没想过有什么用。

不知道怎么回答的吴征镒只好实话实说："我也不知道有什么用，但我最喜欢的就是植物，我愿意研究它们。"开明的父亲尊重了他的选择，于是我国有了这样一位杰出的植物学家。

1933年，17岁的吴征镒考入清华大学生物系。世界又对他打开了一扇不一样的大门，能学到先进的植物分类学、植物生理学和植物生态学等知识，还能去野外进行植物采集和实地调查。清华大学的图书馆里，有海量的文献和资料，能满足他对知识的渴求。这真是既开心又长知识的时光，吴征镒觉得简直太幸福了。

吴征镒跟随西北考察团去全国各地采集标本，收集资料。那时他已隐隐约约地明白自己为什么要学植物学了，各个领域的优秀人才支撑起一个强大的祖国，植物学当然也在其中。他要搞好植物学研究，补足我国植物学研究的短板，让中国在国际植物学研究中取得话语权。

云南的植物王国

大学毕业后，吴征镒留校在生物系担任助教。那一年发生了七七事变，他随校西迁到昆明。素有"植物王国"美誉的云南深深地吸引了他，这里的植物种类占全国的一半以上。

神秘的红土高原、丰富的植物种类、壮丽的植被景观……从高山云冷杉林、山地云南松林，到常绿阔叶林、热带季雨林，再到各式各样的次生植被，吴征镒的心灵不断地被震撼着。

以前交通不发达，信息也不流畅，很多人只能在自己出生的地方生活一辈子，能出去上学做工的都是少数，更何况能来到西南边陲。算得上见多识广的吴征镒，也被云南深深地迷住了，他决心要弄清植物的时空发展规律，以及中国植物区系发展的变化规律。

吴征镒大开眼界，也大刀阔斧地工作起来。他一边实地考察，

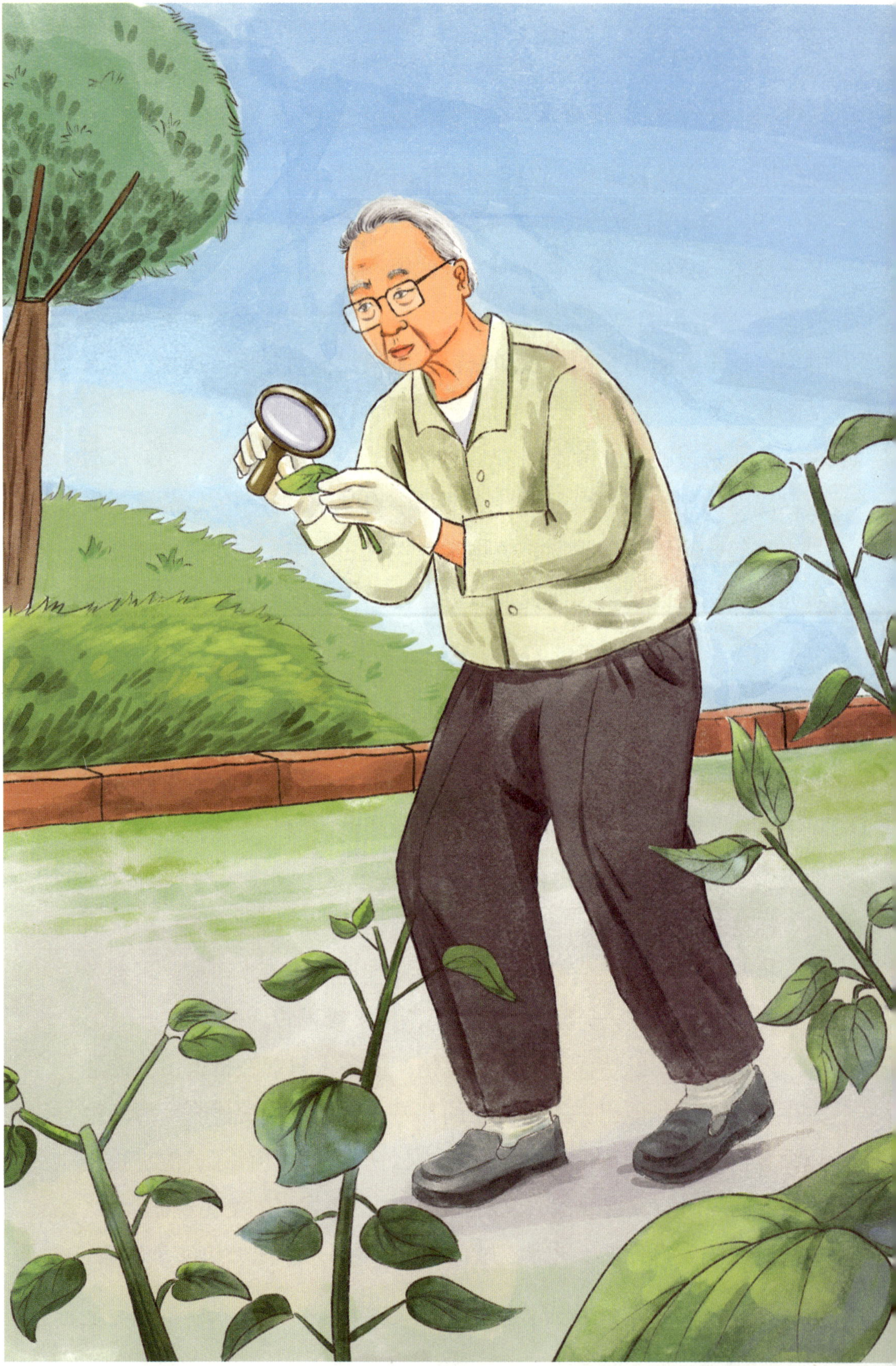

一边查阅国内外植物资料，编纂出了《滇南本草图谱》。他还用10年的时间，整理出了3万多张卡片，详细记录植物的学名、分布等具体情况，这后来成了编纂《中国植物志》的基础资料。

1958年，吴征镒携全家搬迁到云南，筹建中国科学院昆明植物研究所，开启了他立足云南，放眼全国和全世界的植物学研究工作。

中国的植物世界

1959年，吴征镒开始主持《中国植物志》的编写，这项工作是植物学家胡先骕在1934年就提出的，也是中国植物学家的共同心愿。

现在，这项工作终于启动了，植物学家要厘清我们的国土上，到底生长着多少种植物，到底生长着哪些植物。

吴征镒和同事穿行于群山密林，人迹难至之处，去寻找，去发现，去采集稀有植物标本。而且越是深山老林，就越要去，吴征镒"中国植物活词典"的美誉就始于那段经历。他对植物的鉴识能力，成了传奇，人说他的大脑里住着植物百科全书。

这套书历时近半个世纪，融汇着四代、300多位植物学家的心血，于2004年全套出版完成。

从此，中国的31142种植物都有了自己的"身份证"。这套书不仅仅是科学巨作，还对国家农牧业和生态环境持续发展有重大意义。

吴征镒多年来一直主持植物研究工作，带领团队把中国的植物资源盘点得清晰明了，系统全面地整理了中国现有植物的种类和分布，还提出了"被子植物八纲系统"的新观点。

上东北，考察北方植物区系；进新疆，采集大漠草甸植物资料；去华中，找寻那些山地植物；穿越海峡，了解中国台湾的植物体系……吴征镒这一路走了大半辈子，完成了全国的植物考察工作。

古稀之年，他拄着拐杖都要带学生去山里考察。87岁时创作完成《中国被子植物科属综论》，90岁完成《种子植物的分布区类型及其起源和分化》，94岁完成《中国种子植物区系地理》。

70多年的工作中，吴征镒定名和参与定名了1766个植物分类群，是我国植物学家中发现和命名植物最多的一位。也是他，改变了外国人给中国植物命名的历史。

而此时，吴征镒终于能回答父亲的问题了，他已在毕生的经历中得到了答案。

地上有以他的名字命名的"征镒冬青""征镒卫矛"和"征镒麻"，天上有以他的名字命名的"吴征镒星"。

黄纬禄：用导弹强大中国

小小的竹蜻蜓
牵起大大的飞天梦
一路勤学
只为把这个梦想实现

心里总有光
再大的困难也扑不灭
为祖国研究导弹的决心

东风破空
巨浪穿海
中国的导弹事业也起飞
向上

他为此献出了毕生精力
积劳成疾
他想的还是导弹

小小的竹蜻蜓

"东风快递，使命必达。""东风提供全球真理快递服务，支持海陆空全方位投送。"人们说的"东风快递"，就是我国的中远程弹道导弹。

国防力量是掌握国际话语权的必要条件，除了"东风"中远程弹道导弹，我们的国防重器，还有"巨浪"潜射弹道导弹等。

"巨浪"的诞生，有一个人的名字无法抹去。

1916年，黄纬禄出生于安徽芜湖。父亲是教师，很重视孩子的教育，黄纬禄养成了爱学习、爱思考的好习惯。

那时候没有现在这么多种类各异的玩具，孩子们大多是自己动手制作。黄纬禄最喜欢玩竹蜻蜓，放学了就跟小伙伴们相约去空地上，一人一支竹蜻蜓，比赛谁的飞得高，谁的飞得远。

小小的黄纬禄，心可不小，他的头脑里装着很多想法，不管什么事情，他都愿意更深入地想一想，琢磨出不一样的东西来。

黄纬禄就总是奇怪，竹蜻蜓是怎么飞起来的呢？人走路靠腿，它靠什么飞的呢？人走快了就跑起来了，竹蜻蜓怎么才能飞得更快呢？弹弓绷起来能射出石子，竹蜻蜓绷紧了呢？把好多个竹蜻蜓绑在一起，弄上个什么东西会有用呢？怎么像人跑得快了成了"飞毛腿"一样，给竹蜻蜓做个"飞弹"呢？

"竹蜻蜓"飞上了天

1936年，黄纬禄考入南京中央大学电机系无线电专业。七七事变后，他随校迁往重庆，一路上心情沉重，悲痛祖国饱受欺凌，感怀百姓流离失所。他开始思考能做点什么，认定只有科学才能救国。科技力量强大了，国家就有了抵抗别国侵略的能力，就能够震慑不怀好意的外国势力。

1945年，黄纬禄来到英国伦敦大学帝国学院无线电系攻读研究生。在英国经历了纳粹的导弹袭击，那恐怖的情景让他震惊无比。

英国把一枚没有爆炸的V-2弹道导弹，拆解后放在伦敦博物馆展出。黄纬禄得知消息后来到展厅观看，这个庞然大物，让他感受到了森冷的气息。黄纬禄仔细地盯着那枚导弹，每一个剖面都认真地看，把它的构造牢牢地刻在心里。

意识到导弹巨大威力的黄纬禄，也发现了导弹对于一个国家的重大意义。他暗下决心，一定要学会制造导弹。

1947年，学有所成的黄纬禄回到了祖国，先在无线电研究所工作，1957年进入国防部第五研究院二分院。

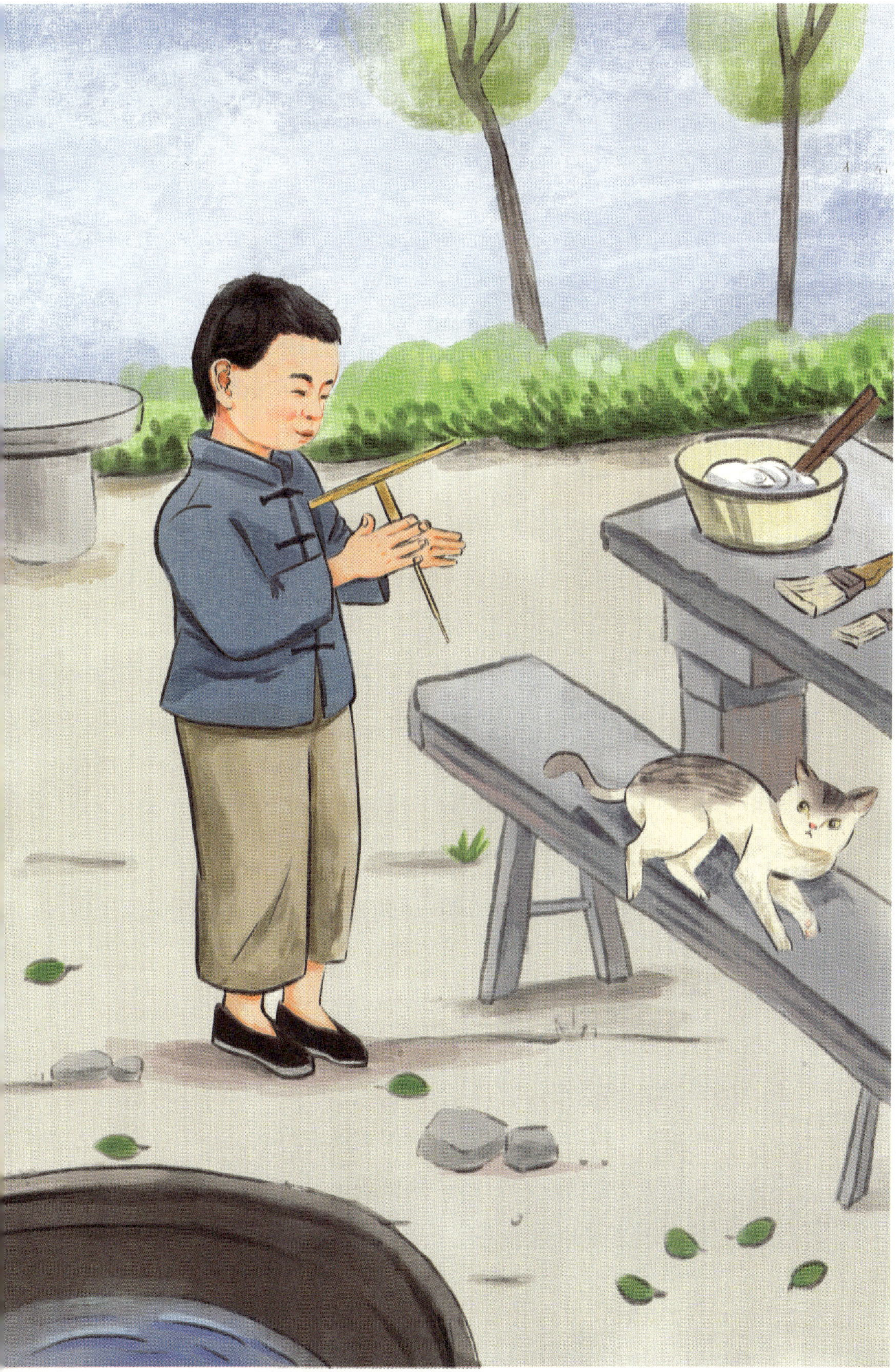

当时中国在这方面的基础几乎为零，制造技术没有，科研条件也简陋。但黄纬禄怀揣着为国奉献的壮志，迎难而上了。

在研制的关键时期，苏联单方面撕毁协议，撤走专家。黄纬禄和同事决不甘心就这样放弃研究，他们互相鼓劲儿，一定要拼尽全力造出中国自己的导弹。

黄纬禄带领团队坚守在荒凉的戈壁滩，风再大，吹不灭心中的火，天再寒，心中也闪耀着希望之光。虽然他们不知道，也没有人知道，这件事什么时候能成功，但既然做了，就要全心全意地去做。

一个个数据，慢慢地明晰了；一道道难关，都闯过去了。导弹的控制技术水平提高了。

1960年，中国第一枚导弹发射成功，这枚导弹就是"东风一号"。

从"东风一号"到"东风五号"，黄纬禄一直在最前线，确定技术方案、改进技术指标、提高技术性能、排查技术故障……

那么多事消耗着他的精力，但他从没说过苦言过累。在那样艰难困苦的情况下，黄纬禄和所有研制人员把"不可能的事情"做成了。

黄纬禄小时候梦想过的把竹蜻蜓变成"飞弹"，如今终于成了现实，用另一种方式飞上了天空，飞得更高，飞得更远。

"竹蜻蜓"变成了蛟龙

1970年，黄纬禄担任了潜地导弹"巨浪一号"的技术总负责人。每一个细节、每一个问题，他都要求认真仔细，绝不能有半点儿马虎。但他又非常谦虚，对团队的科研人员说"请大家把我当成小学生"。黄纬禄就是以这种态度开始了项目的工作，成为备受信赖的技术领头人。

黄纬禄提出了三步研制程序，先在发射台上做试验，然后在陆地上的发射筒中打导弹，第三步是在舰艇上打遥测弹。他根据我国的国情和科研情况提出的这一程序，极大地简化了试验过程，提高了时间利用率，节约了大量研制经费。

1982年10月1日，新华社向全世界发布公告："中华人民共和国将于1982年10月7日至10月26日，向以北纬28°13'、东经123°53'为中心，半径35海里的圆形海域范围内的公海上发射运载火箭……"

在经过上千次水上实验后，我国的第一枚潜地导弹"巨浪一号"发射成功。浩瀚的海面上，"巨浪一号"如一条蛟龙跃出海面，腾空而起。这次发射震惊了世界，正式昭示我国成为具有自行研制潜地导弹和水下发射战略导弹的国家。

那枚腾飞的导弹雄壮威猛，黄纬禄却消瘦而孱弱了。承受着重大研制任务和巨大精神压力的黄纬禄，实际已是花甲老人，长期的高强度工作，让他落下一身病，体重减轻了20多斤。

黄纬禄的一生，和中国的导弹事业紧密相连。他一步步推进着中国导弹技术不断发展，留下了这样一句话："传承两弹一星精神，勇挑民族复兴重担。"

吴阶平：大医有大爱

调皮淘气的小男孩
成了拿手术刀的医生
他从没想过要做别的职业

为了萦怀在心的愿望
他刻苦攻读
勤奋学习
走进了心心念念的医学院

重洋难渡
只为济世救人报效祖国
归途再险
也要回来开创医学新领域

他深耕医林几十年
推动中国医学发展
留下一座永远的丰碑

爱动脑的小淘气

1917年，吴阶平出生在江苏常州，他的家境很好，在一个大宅院里度过了快乐的幼儿时期。

父亲为他起的名字叫泰然，号阶平。虽然后来一直以号代名，但"泰然"二字实现了父亲希望他平安稳定的祝愿。

吴阶平启蒙很早，幼时父亲抱着他就教他认字，再大点儿，就教他背诵诗文。读私塾时四书五经的浸润，也给他打下了扎实的古文功底。6岁的时候，吴阶平就能独立阅读"大部头"了。

他也有着孩童的天性，小时候没少闯祸，还因在自行车上"耍杂技"而摔伤了右臂，让长辈们受了一番惊吓。他自己倒是不甚在意，养了一段时间的伤，胳膊好了接着淘。

读书上学根本费不了他多少脑筋，吴阶平就总是留心各种好玩儿的，什么都要钻研个透彻。

不管是翻铜板游戏，还是打桥牌，他都认认真真地去琢磨，非弄个清楚明白。

父亲对吴阶平管教严格，功课当然是不敢耽搁的，他甚至还越过小学，直接考入了中学，被破格录取到初中二年级。

父亲从商，但并不市侩，非常有远见，时常叮咛孩子们"好好读书，学技术，将来凭本领吃饭"。

刻苦攻读的医学生

父亲的期望是孩子们都考上协和医学院，吴阶平的大哥最先考入。吴阶平胳膊摔伤时去北京治伤，就住在大哥的宿舍里。

协和医学院给他留下了深刻的印象，那个由豫王府改建而成的学校太美了。

自此他的心里就有了一个执念：一定要考到这里来，一定！中学毕业后，吴阶平考入燕京大学医学预科班，三年后正式进入协和医学院。

协和医学院的制度非常严格，每年只招收二三十名学生，毕业时只有一半多能拿到毕业证。因为对学业要求太"苛刻"了，75分才算及格，在学习上，要用十二分的努力。

吴阶平就在这样的氛围里刻苦攻读，虽然他还是小时候的脾气，爱玩爱闹。但上课很认真，不死读书，而是抓住要点，重点研读，这样学习的效果当然好。

读到第3年的时候，吴阶平生了一场大病，做完手术后休学在家。虽不在学校，却没丢弃课本，仍旧延续着高效学习方法。

他说："我从来没有想过不做医生而去从事其他职业，我很早就决定做医生。"

有魔术手的留学生

1947年，谢元甫教授推荐吴阶平去美国芝加哥大学学习更先进的医学知识，导师是现代肿瘤内分泌奠基人哈金斯。同谢元甫一样，哈金斯也非常喜欢这个勤奋好学的中国留学生。

吴阶平做实验时动作利落，做手术更是灵巧无比，像魔术师一样有着让人目不暇接的灵活敏捷。

一年的学习期马上就要结束了，吴阶平学到了哈金斯教授的研究方法，消化吸收了他的研究理论，在临床上也取得了极大进步。

哈金斯不舍得让吴阶平走，想方设法地要把他留在美国，为自己主持临床工作。

恰巧那时芝加哥大学正在为哈金斯建造科研楼，他拿着图纸对吴阶平说："这是你的实验室，你可以自由自在地搞研究。"哈金斯不但许下高薪待遇，还承诺把吴阶平的家人接到美国来。

这诱惑，够大了吧？可是没有打动吴阶平。

吴阶平拒绝了哈金斯的邀约，比他做手术的动作还要干脆利落。他学医，是为了济世救人，他出国，是为了提高中国的医学水平。

就像他后来说的："我不愿意做美籍华人，我愿意回来。我认为一个人最重要的就是要热爱祖国，为祖国服务。"

当时国外的局势复杂多变，吴阶平担心美国当局阻拦中国留学生回国，1948年学成之后，立刻搭飞机回到了北京。

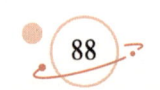

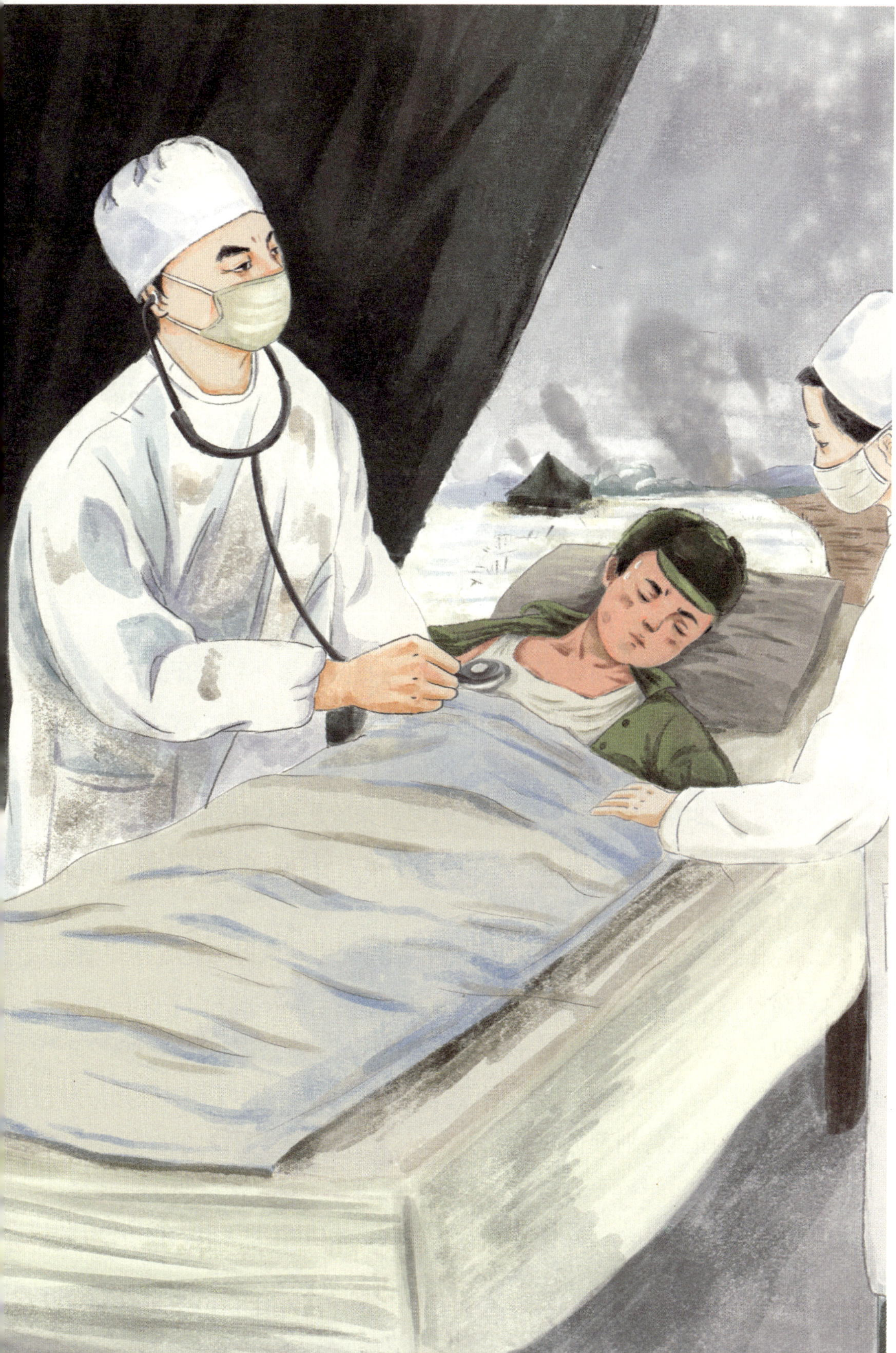

上过前线的外科医生

抗美援朝期间，吴阶平曾作为手术队队长，到中国人民志愿军浴血奋战的地方，为战士们治疗伤病，立下了很大功劳。

1959年，吴阶平去德国参加国际外科学会的年度会议，进了会场没看到中国国旗，却看到一面"青天白日旗"。吴阶平找到主办方问他们："这是怎么回事？你们为什么不挂中国国旗？"在吴阶平的坚持下，主办方最终撤掉了所有旗帜。

在国内，专心搞科研，为祖国的医学事业发展助力；在国际上，始终维护祖国的尊严。吴阶平的心里，他个人的理想追求和成败得失，始终和祖国连在一起。

吴阶平在医学领域深耕几十年，是我国泌尿外科的开拓者，开创了很多国内领先的理论研究和实际操作方法。

他也培育了大批医生和研究人员，其中有很多都成了所在单位的骨干。他的学生成了教授后，仍记得吴阶平讲课的情形，说他讲课灵活、高效，既生动具体，又思维缜密，因深入浅出而易懂好记，深受学生欢迎。

在医疗一线，吴阶平多年来一直坚持把手术做得"更漂亮"，把后遗症或并发症的概率降到最小。他也在每一次手术中总结经验，反复思考，跟大家交流讨论。对待诊治工作，他始终如临深渊，如履薄冰。

临床医生特别珍惜跟吴阶平一起查房的机会，因为每次都会有不同的收获。吴阶平分析病例，就像在讲课一样，简单明了，却又启发人去思索。

他总能在平常的病例记录上，甚至在普通的 X 光片上，提出新的问题，引导后辈打开新的思路。

吴阶平无论人在何处、身居何位，始终关注着推动着中国医学的发展。

刘东生：名字镌刻在大地上

一生的足迹在大地上
满心的热爱都给了黄土

那个神秘王国
他总是有新的发现
每一个思路
都有不同的乐趣
与黄土在一起

他就幸福

黄土无言
他的生命却精彩瑰丽
一辈子都在行走
一辈子都在探索
探索地球的生命缘起
和成长的脉络

童年的精彩

土地在这个星球上沉默了无数年，也将继续沉默下去，可是她孕育出了繁盛的生命。土地也会记得，在这上面奋斗过的人。

我们深爱着这片土地，有一个人，比我们更爱，他就是刘东生。

1917年，刘东生出生。他的父亲年少时失学，非常想让自己的孩子接受良好的教育，刘东生还没上学就认识了不少字。

该上学了，父亲多方奔走，把他送到城里最好的小学，让他接受系统的知识教育。

当然，父亲做的不只这些。他经常带刘东生去书店，还给他买儿童读物。那个年代，有这样的教育意识真是难得。

刘东生小学毕业后上了半年私塾，补学古文典籍。先生教他经史子集，讲古代汉语，为他打下了厚实的文化功底。父亲让他坚持自学英语，每天晚上都有一两个小时是用来学习英语的。

有这样的父亲，刘东生的童年自然过得丰富又精彩。父亲还带他看过电影，电影里的异乡风情，让他看到了不一样的世界。

从此，他开始向往远方的世界，想探索未知的领域。或许，他对大自然保持了一生的热情，就是那个时候埋下的种子吧。

少年的进取

上中学时，刘东生随工作调动的父亲来到天津，父亲还是让他读最好的中学。刘东生学习非常刻苦，而且在学校的反日热潮中了解到进步思想，树立起爱国情怀。

为了强健体魄，能更好地为国家效力，刘东生每天都锻炼身体，还报名参加了一支游泳队。但这个游泳队没有教练，他和同伴们就合力自学，搜集各种游泳的资料，把报纸上关于游泳比赛的内容剪下来，做了一本厚厚的剪贴报。他们一起看剪贴报，琢磨游泳技巧，交流心得体会。

报纸上报道游泳赛事时，会有冠军比赛中的特写，刘东生每次都花几天时间细细研究冠军的游泳姿势，从中寻求窍门。

这样自学下来，刘东生不但入选了河北省游泳代表队，还参加了全国运动会，获了奖。但更大的惊喜还在后面，工作之后，他发现这种收集资料、分析资料的方法，对研究工作大有裨益。

青年的壮志

1938年，刘东生来到国立西南联合大学。他先是怀着工业救国的初衷，学习机械专业，后来同学讲的一件事，让他改变了志愿。

那时云南有个铁矿叫易门铁矿，一直是用土法开采的。抗日战争时期，铁的需求量大增，铁矿请西南联大地质系的谭锡畴教授去勘探矿量，以确定是否大规模开采。经过一番研究，谭锡畴教授说可以开采，这样才决定加大采矿规模。

原来地质勘探这么神奇！刘东生觉得抗战时期学机械或许用处不大，但地质学却对国家很有用，应该做当前迫切需要的，就转到了地质系。

从西南联大毕业之后，刘东生并没有马上从事黄土的研究工作，而是做古脊椎动物等方面的研究。直到1954年，37岁的刘东生第一次参加了对黄土高原的研究考察。从这之后，刘东生再也没有离开过黄土。

那真是一个神秘的科学王国啊！刘东生像走进了秘密花园的孩子，不断地在里面遇到新的发现，一路走来充满着乐趣。他觉得自己真是太幸福了，能在这古老的黄土地上收集地球环境变化的信息，能一层层揭开地球历史的面纱。

中年的追寻

可是，考察研究的路上不仅仅有乐趣和幸福，还有辛苦和危险。

地质考察只能在野外进行，路程全要用双脚丈量。有一次，在骑马过河时，马蹄子歪了一下，刘东生摔到了河里，幸亏他眼疾手快抓住了岸边的石头，才没被水流冲走。

刘东生从事黄土研究几十年，遇到这样的险事不止一次。他从来没抱怨过，更没后悔走上这条科研道路。心里的那份执着和责任，支持着他一路走下去。

国际上对黄土的成因存在"风成说"和"水成说"两种论点。刘东生进行了大量的实地考察和实验分析，提出了"新风成说"，平息了多年来的黄土成因之争。

1954年一个偶然的契机，刘东生在河南发现了黄土研究的突破口。有一天晚饭后他去外面散步，天已经黑透，那个小镇子上竟然有栋楼房亮着一排排的灯，有的还挺规则。这太奇怪了，白天没看见有楼房啊？

刘东生翻来覆去地琢磨了一夜也没弄明白。第二天天一亮，他就跑过去一探究竟。

原来啊，是窑洞的屋顶！那些亮光就是它们发出的。窑洞的屋顶上面有一层硬硬的"料姜石"，它的上层是红土，下层是黄土。老百姓口中的"料姜石"，学名叫作"土壤层的淀积层"，因为非常坚固，被用来做窑洞的天花板。

谜底解开了，刘东生激动了，但是又有了新的疑惑，这是什么原因造成的呢？他去请教土壤专家朱显谟，知道了那是古土壤，是很久很久以前的土，不是现在的土。

就这样，刘东生打开了思路。

他从黄土与古土壤的多旋回特点里，发现第四纪气候冷暖交替不止4次，据此奠定了环境变化的"多旋回学说"，也迈出了中国黄土研究的重要一步。

一生的热爱

74岁时，刘东生参加了南极科考队，79岁去了北极。第7次登

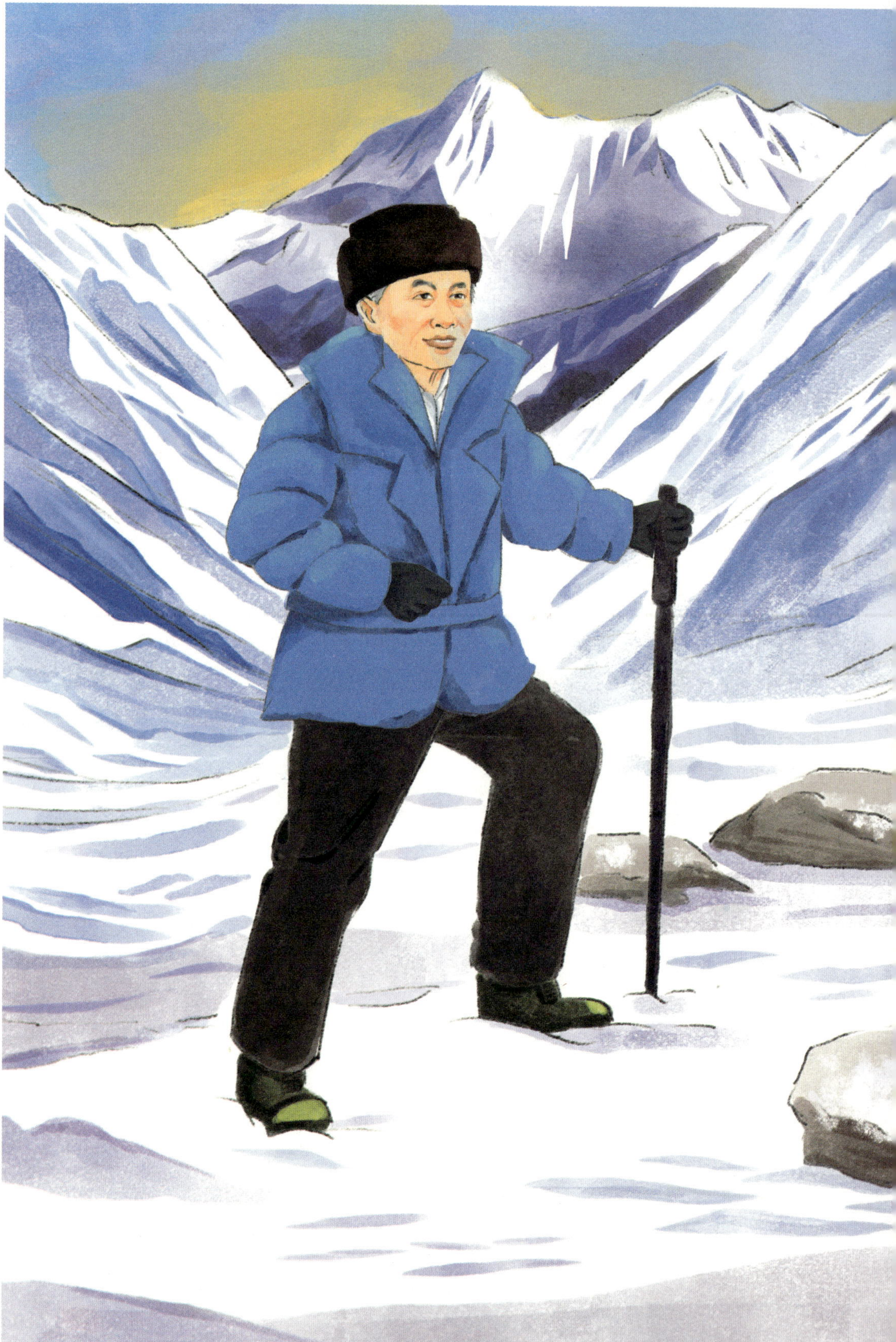

上青藏高原时，他已经84岁了，而87岁时，他穿越了罗布泊！

他的生命，是那样的波澜壮阔。

荒山野岭、大漠高原、地球三极……都留下了刘东生的足迹。那是他对地质和历史的考察，也是他对真理和科学的追求。

他一次次地在黄土高原探索，在黄土中寻觅地球生命的缘起与成长的脉络，终于在漫天黄土中探求到了黄土的真相，把黄土记录的古地球环境追溯到260万年以前，解析了黄土的厚重发展史。

中国科学院研究生院成立伊始，刘东生就为地质学专业的学生授课，培养了大批优秀人才，他的学生里有5位当选为院士。

提起刘东生，就会想起徐霞客，那位终其一生遍行全国的人。他俩是何其相像，一辈子都在行走，一辈子都在探索，"择一事，终一生"。他们的生命虽奔波劳累，但也因此而厚重丰富。

李佩：她是传奇

她生于北方　　　　　笑容满面
她奔向南方
为了求学的志向　　　那些她亲手编写的教材
　　　　　　　　　　伴着一代又一代的学子
她又穿越大洋　　　　那些她亲自教过的年轻人
为了回国而出国　　　接过她的传力棒
尽揽满腹才学　　　　继续为国效力
回国倾囊而尽

　　　　　　　　　　这是榜样的力量
杏坛不言　　　　　　这是人格的魅力
桃李春风　　　　　　星空中响着一曲永恒的绝唱
她站在阳光下　　　　那是献给她的赞歌

生得美丽

　　1917年，一个女孩儿出生了，父母给她起名叫"佩珍"，怀瑾佩瑜，爱如珍宝。父亲是曾在英国留学的工程师，很重视对孩子的教育，李佩珍从小便得到了优质教养。

　　1936年，李佩珍同时考上3所名校，她选择了男女合校的北京大学，进入时新的经济系。眼界进一步打开，她成长得更快了。

　　1937年，国立西南联合大学成立，李佩珍也想前去。战乱时期，路途遥远，行程充满太多的危险。疼爱女儿的父母坚决不同意，倔强的女儿却执意坚持。在僵持几个月之后，李佩珍给父母留下一张字条，走出了家门。

那张字条，也成了父母心上的一个结，恒久未解。因为字条，还是一张借条。而且，她把自己的名字改为了"李佩"，她把"珍"丢掉了，但她是父母的珍宝啊！

未来也许并不是一路坦途，但从前的李佩珍，现在的李佩，向着远方大步行去了！

行得端正

来到西南联大的李佩，担任了学生会副主席，毕业后在中国劳动协会重庆分会工作。在花园洋房里长大的她，有着天然的善良，同情弱者，帮助弱者，李佩为重庆人民做了很多切实有用的事情。

1945年，李佩参加了在巴黎召开的国际工会联合大会，想方设法为共产党的代表取得了参会护照。那一年，她还在第一届世界妇女大会上发言。

1947年，留学美国康奈尔大学的李佩认识了在这里执教的郭永怀，那个她一生挚爱的人。

两个志趣相投情意相通的年轻人，婚后的生活十分幸福，而且事业有成，李佩也进入康奈尔大学教授中文。中华人民共和国成立的消息传来，他俩迫不及待地要回去，要回去建设祖国，奉献力量。

同事好友都劝他们，不要放弃美国优厚的待遇和美好的未来，回那个贫穷落后的国家。向来沉静的李佩回答："我们当初出国，就是为了回国呀！"

他们，是为了出去学习先进的科学技术，并不是为了享受去的。

如今学成，正是回去报效祖国时。

李佩夫妻踏上了回国的邮轮，与当年一样漂洋过海的行程，只是心情不一样了。他俩归心似箭，恨不得马上就站在祖国的土地上。终于看到飘扬的五星红旗时，两个人的手紧紧相握，这一刻，他们等了十几年。

回国后的李佩在中关村工作，她认真负责，在她的努力下，中关村的生活和教育设施从无到有，越来越完善。

1961年，李佩成了中国科学技术大学的英语老师，工作更加繁忙。与郭永怀聚少离多，家庭的担子全压在了李佩身上。

在学校里劳累了一天，回到家要做家务，要带孩子，李佩心里也埋怨过，她甚至在气愤下剪掉了他们一家三口的合影。

中国第一颗原子弹腾空而起后，她释然了。虽然丈夫不说，但她明白了，他在为国家做着什么。他俩原本有着同样的爱国之情啊！那她，就做好他的后盾吧，让他安心地去搞科研。

活得坚毅

可是命运，却降下了重重的一击！

1968年，丈夫因公殉职。她，失去了最爱的人。这个打击太大了，很多人都以为她承受不了。

李佩默默地把悲痛藏在了心底，平平静静地继续忙碌，继续认真工作着。只是有时候，她会独自在阳台站几个小时，没有人知道她在想什么，她也从不诉说。

以身许国，正是吾辈理想。"永怀走了，还有我李佩啊，我会继续他的志向，继续为国尽心，为民尽力。"

1978年，中国科学技术大学研究生院成立，李佩受邀出任外语教研室主任。基业初始，向来是一穷二白，此时也不例外，连教材也没有，李佩就自己编写教材。这套教材获得了国家优秀教材奖，也是我国第一套研究生教材。

当年学校里有800多名研究生，但能教英语的老师只有李佩一人，这怎么也教不过来啊。李佩就到处找可以教英语的老师，还想方设法请来了一位外籍教师。她是最早聘用外籍教师，并把托福试卷带进中国的人。

师资问题解决了，李佩又开始了工作创新，通过借鉴托福和雅思考试，她对当时的英语教学方法进行了改进。

李佩帮助第一批自费留学生走出了国门，培养了我国最早的一批硕博研究生，被誉为"中国应用语言学之母"。

她却又遭受到了沉重的打击，1996年，爱女郭芹因病去世，白发人送黑发人。李佩却像丈夫去世时一样，把眼泪深藏，从未在人前显露悲伤，工作却更加勤勉了。

1998年，李佩创办了中关村大讲坛，陆续举办了600多场讲座，每一场她都亲自操办，把每一个细节都做好。那些大名鼎鼎的专家教授，都被她邀请了来，每一场都那么精彩。

留得传奇

李佩此生，把智慧献给了中国的年轻人，于是她从来没有老去。70多岁时，她仍站在讲台上给博士生上课，80多岁创办了中关村大讲堂，为纪念钱学森100周年诞辰，90多岁的李佩组织专家，把钱学森在美国期间的研究论文翻译成中文，出版了《钱学森文集》。

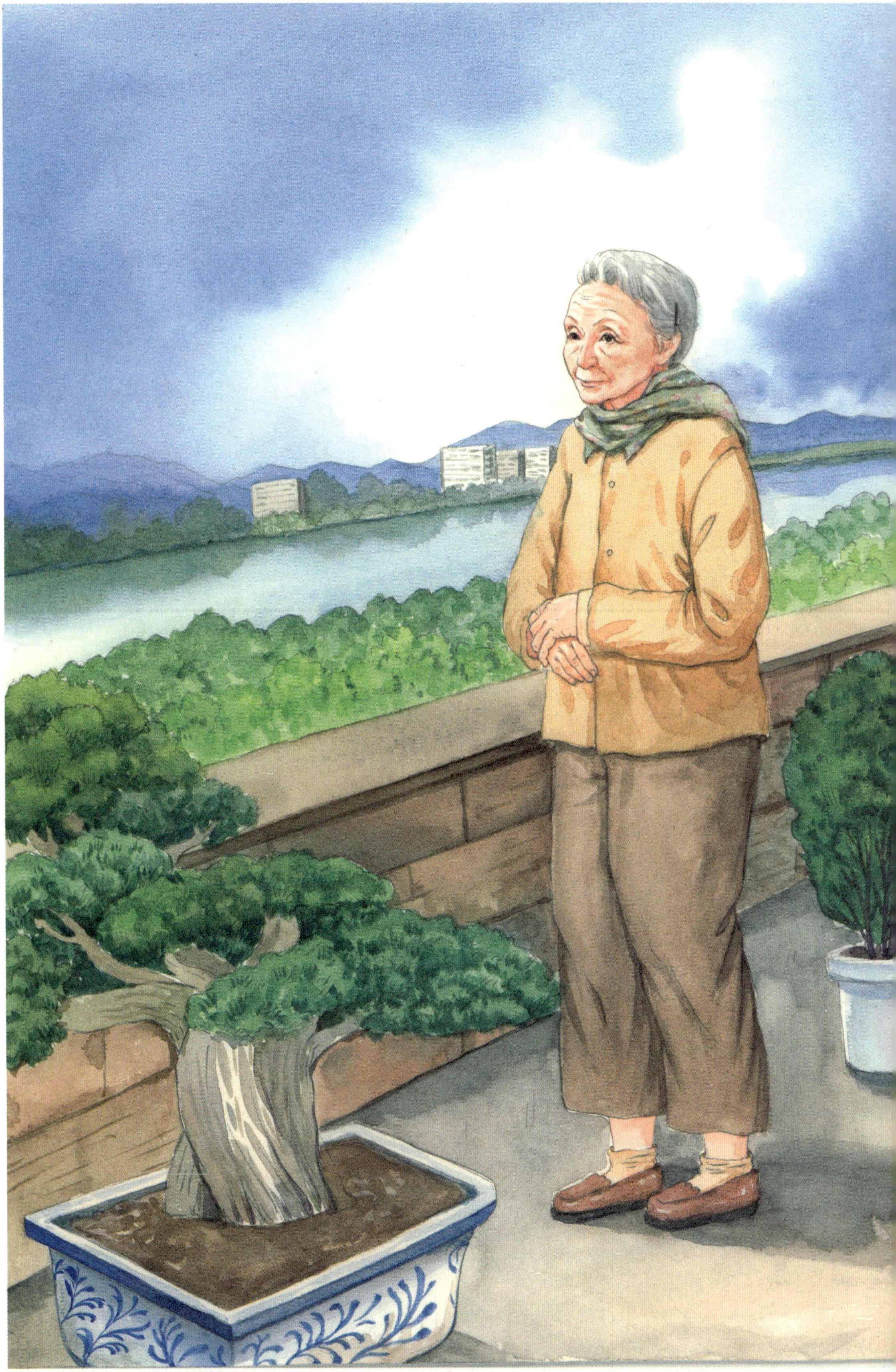

李佩成了时间最好的朋友，时间也不忍与她分开，把她留了一年又一年。

她只带着身来，她不带一丝物走。郭永怀的"两弹一星"功勋奖章，那枚纯金铸成、重达515克的奖章，她捐给了中国科学技术大学。2008年，李佩把全部积蓄捐给了中国科学技术大学和中国科学院力学研究所。

可她还住在当年的老房子里，屋里的陈设非常简朴。她的生活简简单单，她的精神却一直富足。

李佩从始至终都保持着干净整洁的衣着、淡雅庄重的妆容，她说，这是对学生的尊重。一直到临终，她都是一个优雅的女人。

2018年7月，国际小行星中心把编号212797号小行星永久命名为"李佩星"。这颗小行星，与212796号"郭永怀星"编号相邻，位置相近。当年郭永怀遗憾"不能陪你了，李佩"，如今他们夫妻团圆了，星空里永远延续着他俩的深情。

2017年，李佩弥留之际曾发过一次感慨："我这一辈子值吗？"

值！

陈学俊：走了一条长长的路

他从小时候
就立志为国家干大事
此后时光
都为之殚精竭虑

科学攻坚
筑起工业强国梦
教书育人

呵护国家的科技未来

决然离开大上海
坚定扎根西北地
奉献两个字
分量太轻了
言不尽他为祖国的付出

立志报国

1919年，陈学俊生于安徽滁县。父亲是商人，但不想让孩子做生意，更何况那个动荡飘摇的年代，国家太需要科技人才了，陈学俊从小就听惯了父亲的嘱托："要读书，要成才，要为国家干大事。"

生长在这样的家庭，陈学俊自然以读书为重，学好科学知识才能报效祖国，有才有德才能为中华民族争气。

陈学俊初中只读了一年，就因一·二八事变而被迫中断学业。休学期间他不但没落下功课，反而提前学完了初中课程，连跳两级考入南京安徽中学高中部。

高考前，陈学俊曾去上海交通大学的工程馆顶楼看了看校园的全貌，还想如果现在来不了这里上学，以后也一定要来。

以后，他真的去了。但不是去上学，而是去教学，他成了上海交通大学的教授。当然，这是后话了。

陈学俊考入了南京中央大学机械系，1937年七七事变爆发后，学校迁往了重庆。但在重庆也不安稳，随时会遭受日寇的飞机轰炸。陈学俊亲身经历了日寇横行百姓受难的屈辱，他对日本侵略者无比痛恨，誓要努力学习，工程救国。

1939年，陈学俊大学毕业，在重庆中央工业试验所从事制造工业锅炉方面的工作。

1941年的第十届中国工程师学会上，陈学俊发布了我国锅炉制造方面的第一篇研究论文，揭开了我国动力工业发展的序幕。这次的参会经历，使他更加坚定了为中国动力工业服务的信念。

为了改变中国锅炉事业落后的局面，陈学俊赴美国普渡大学深造。留美期间，他不知疲倦地吸收着先进的科研知识，以备回国之用。他从未忘记，自己要为中国工程事业奋斗到底。

获得硕士学位后，陈学俊谢绝高薪挽留，不恋异国安逸，1947年3月回到祖国，被聘为上海交通大学教授，同年创办了我国第一份热能工程学术刊物《热工专刊》，为我国热工学习和研究提供了交流场地，促进了工程热物理学的发展。

为国科研

为加快西北建设，促进国民经济发展，1955年，国务院准备将交通大学由上海迁往西安。向来具有大局观的陈学俊坚决拥护这一决定，与李敬轩、朱麟五共同主张将动力机械系全迁西安。

陈学俊一家乘坐的是第一批开往西安的专列。临行前，他们夫

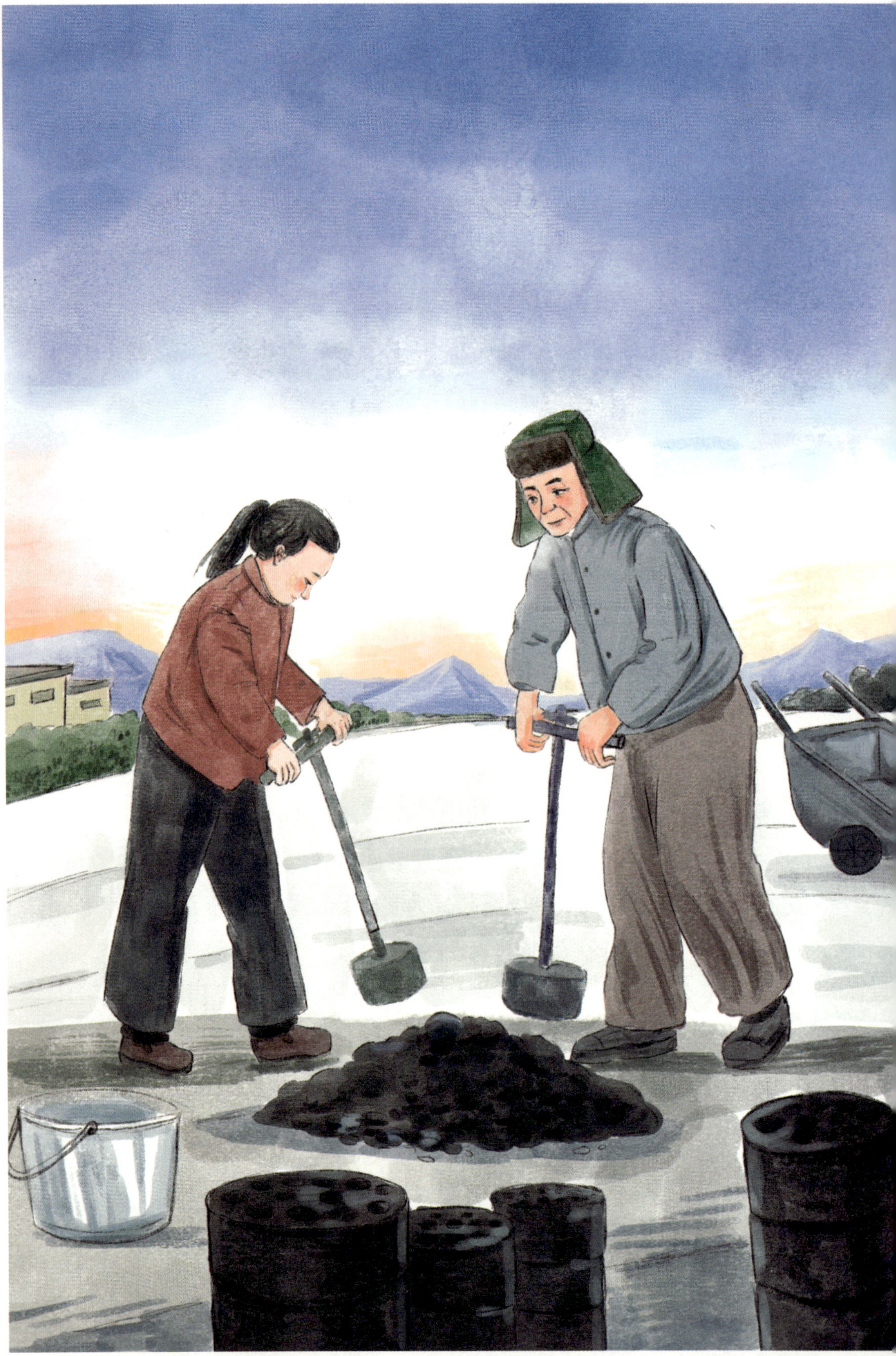

妻把房子捐赠给了上海政府，甚至注销了上海户口。

后来总有人提起这事，说他们吃亏了，吃了大亏，如果不捐房子，现在能卖出"天价"！陈学俊却总是淡然一笑："既然是去西北的黄土地扎根，就不要再对房子有所牵挂，钱是身外之物，不值得去计较。"

他有这份高风亮节，妻子和孩子却是实打实地跟着他吃了苦。从繁华的大上海到风沙漫起的西北地，最基本的生活条件都"断崖式"下降，住房简陋，家具只有最基本的几件。冬天取暖的煤球要夫妻俩自己打，孩子上学要搭顺路马车。往日平常的饮食在餐桌上"绝迹"，鱼虾螃蟹哪里有？

唯一可欣慰的，就是一家人还在一起。

20世纪五六十年代，陈学俊参与指导了上海锅炉厂第一台直流锅炉的设计，70年代，主持解决了上海南市发电厂本生型直流锅炉的严重脉动问题，80年代他提出工业锅炉大型化等建议，并进行详细的分析论证，为国家制定能源技术政策提供了重要依据。

有勇气就能冲破险阻，肯努力就能越过险峰。陈学俊的科研道路并非一帆风顺，但他从来没有想过"放弃"这两个字，而是在一次次面对困难时，想起自己要一辈子为工程事业奋斗的志愿。

从探路者，到领路人，这一路走来，他在强大，中国的热能科技也在强大。

终生奉献

陈学俊执教70年，为高等工程教育事业的发展做出了卓越贡献，在国内率先创办锅炉专业，最早开展两相流与传热的理论研究。

是我国热能工程学科的创始人，多相流热物理学科的奠基者。

1949年，陈学俊出版了《燃气轮机》，这是我国第一本燃气轮机教材，被誉为"燃气轮机方面的先驱"。

之后他又陆续出版了《蒸汽动力厂》《实用汽轮机学》《锅炉学》《锅炉整体》《锅内过程》等多部专著，还翻译了多部热能工程理论基础、锅炉设备等方面的专业书籍教材。

实验室是他研究进取的阵地，讲台是他传播知识的领域。陈学俊教过的大学生有2000多人，他把自己多年科研攻关积累下的经验学识对学生倾囊相授，毫不藏私。

用知识武装学子，用爱心关怀青年，陈学俊是严师，也如慈父。他多年如一日地在生活上为学生排忧解难，在学术上为学生的课题出谋划策。身教从来都胜于言传，在他的崇高人格影响下，他的学生大多在为西部大开发贡献力量。

早在几十年前，陈学俊就多次捐出自己的奖金，奖励优秀学子。他把年轻人带上光明大道，还要扶持着再走一程。陈学俊过了一辈子简朴的生活，却愿意把钱花在勤奋好学的年轻人身上。他始终坚信人才才是国家的未来，他也一直在呵护着国家的未来。他是最早培养锅炉专业及热能工程专业研究生的人，先后带出几十名研究生，多人获得博士学位，更有6名当选为两院院士。

陈学俊在两相流与传热方面取得重大研究成果，对我国的化工、环保、国防及各种工业换热设备的技术改造，都有着极高的应用价值，一直保持在国际先进水平。

为了工程强国梦，陈学俊耗尽了终生才智。后来的一代代年轻人，正沿着他的足迹继续前行。

吴文俊：一直热爱着

他原本爱的是物理　　　中国的数学研究
可是后来　　　　　　　因为有他
走进了数学世界　　　　而加快了步伐
便再也没有离开　　　　站立于世界数学之林

做学问　　　　　　　　数学伴他一辈子
他认真而执着　　　　　他赠数学以深情
爱祖国　　　　　　　　这份缘
他忠诚而持久　　　　　刻在了数学的天空

成长，入门

1919年，吴文俊出生于江苏青浦。父亲做翻译工作，家里有很多书，吴文俊童年最多的记忆就是和父亲藏在书堆里，各自看书。

这些书开阔了他的眼界，让他打下了深厚的文化基础，也使他养成了认真探索、勇于钻研的好习惯。

吴文俊读初二的时候，为躲避日寇的轰炸，父母带他回了老家，几个月后再回城时功课落下了许多，因为学校并未停课。

语文倒没问题，毕竟他从小就看了很多书，有这个底子。数学就不行了，耳朵虽然在听，但根本不明白老师在讲什么。

那时候的吴文俊也有点儿任性，听不懂就不听了。期末考试时，考了一个前所未有的低分。年少骄傲的吴文俊哪受得了这个，发誓要把数学赶上来。

正好学校利用暑假给躲避轰炸的学生补课，吴文俊认真听老师讲课，下了课自己做大量习题。老师看他这么用功，也很高兴，耐心地给他讲解他不懂的地方。

一番努力下来，吴文俊的数学成绩提上去了。从此他再也没有让数学课落下过，甚至一生，他都从事数学研究工作。

那时候，吴文俊喜欢的是物理，而且成绩异常优秀。物理老师眼光独特，认为他物理成绩好是因为数学学得好，如果他在大学里继续学习数学，会使他的才能得到充分的发挥。

在物理老师的推荐下，校长要求他报考交通大学数学系，并承诺考上了就给他 100 块大洋作为奖学金。吴文俊不贪钱，可是上大学的学费要 30 块大洋，他家拿不出。他只好遵照学校的安排，报考了数学系，以理学院第二名的成绩被录取。

虽然不情愿，但吴文俊从小就博览群书，有着乐天知命的豁达。真正走进现代数学领域，是受武崇林老师的影响。武老师讲课很精彩，他喜欢上了数学，建立起成为数学家的志向。

再后来，数学大师陈省身指引他研究拓扑学，吴文俊很快就展现了在这一领域的天分。

深造，回国

大学毕业后的吴文俊，仍是在动荡的岁月里讨生活，先在中学里教代数，后来干脆失业了，因为日寇的铁蹄踏进了上海，他所在的中学解散了。

直到半年之后，他才又找到一份工作，还是教数学。但不是他喜欢的数学，他想要进行的数学研究根本没有条件进行。

后来，吴文俊来到法国斯特拉斯堡大学继续深造。

那时，吴文俊在研究拓扑学中的示性类问题。经过刻苦钻研，他证明了凡维数是4的倍数的球面均无近复结构，因此也没有复结构。他的研究结果结束了流形上是否存在复结构的争论，在拓扑学界引起了极大关注。

1949年年初，导师埃瑞斯曼让吴文俊整理博士论文，半年之后，他完成了论文《论球丛空间结构的示性类》，通过了法国国家科学博士的学位答辩。

同年秋天，吴文俊来到巴黎，跟亨利·嘉当学习和工作。嘉当与吴文俊的研究理论并不相合，他们的研究内容和思想方法都存在差异，但嘉当对吴文俊取得的成就给予了高度评价，称吴文俊的工作"像魔术和变戏法"。

像吴文俊这样的青年才俊，自然会受到青睐。他当时已是法国国家科学中心的副教授，美国的普林斯顿大学也要聘请他为教授。

中华人民共和国成立的消息传到海外，爱国留学生和学者都待不住了，纷纷通过各种途径回国，吴文俊也是其中的一员。他放弃国外的繁华热闹和优越条件，回到了贫穷落后但急需人才的祖国。

开创，发扬

吴文俊回国后先是在北京大学任教，一年之后，去了中国科学院数学研究所。

吴文俊曾回顾自己的研究工作，认为他在拓扑学的成就只能排在第三位，第二位是对中国古代数学的研究，排在第一位的，是他晚年才开始的数学机械化研究。

1977年，吴文俊用手算验证了他的机器证明初等几何定理的方法。这其中有过多少艰难的探索，经历过多少枯燥的运算，别人不得而知，只有他自己知道。可是他一步步地做出来了，并且把这一方法推广到微积分几何的机器证明。

后来，所里配备了计算机，他的研究进度加快了。年近60岁的吴文俊开始学习编程，他学会了各种计算机语言。

吴文俊从此开创了数学机械化领域的研究，验证了用计算机证明几何定理的"吴方法"。之后更是不断开拓新的应用领域，解决了非常多的理论及实际问题。

有一个曾旁听过吴文俊课程的学生，去了美国的一所大学攻读计算机，那里也在做机器证明，可是总也不成功。那位学生就给他们介绍了"吴方法"，一试成功，"吴方法"很快就传遍了美国。

童心，乐趣

吴文俊在数学领域工作了一辈子，你或许会以为他是一个不苟言笑、枯燥无味的人。其实，他是一个特别可爱的人。

他小时候就兴趣广泛，老了依然保持赤子之心，把日子过得那叫一个生动有趣。

从小养成的爱看闲书的习惯一直保持着，90多岁时，吴文俊又重看《福尔摩斯探案集》，说小时候看过但全忘了，要再看一遍。

有记者问他："是因为探案跟数学同样都讲究推理吗？"吴文俊有点儿淘气地一笑："不不不，就是看着好玩儿呀，跟推理没关系，

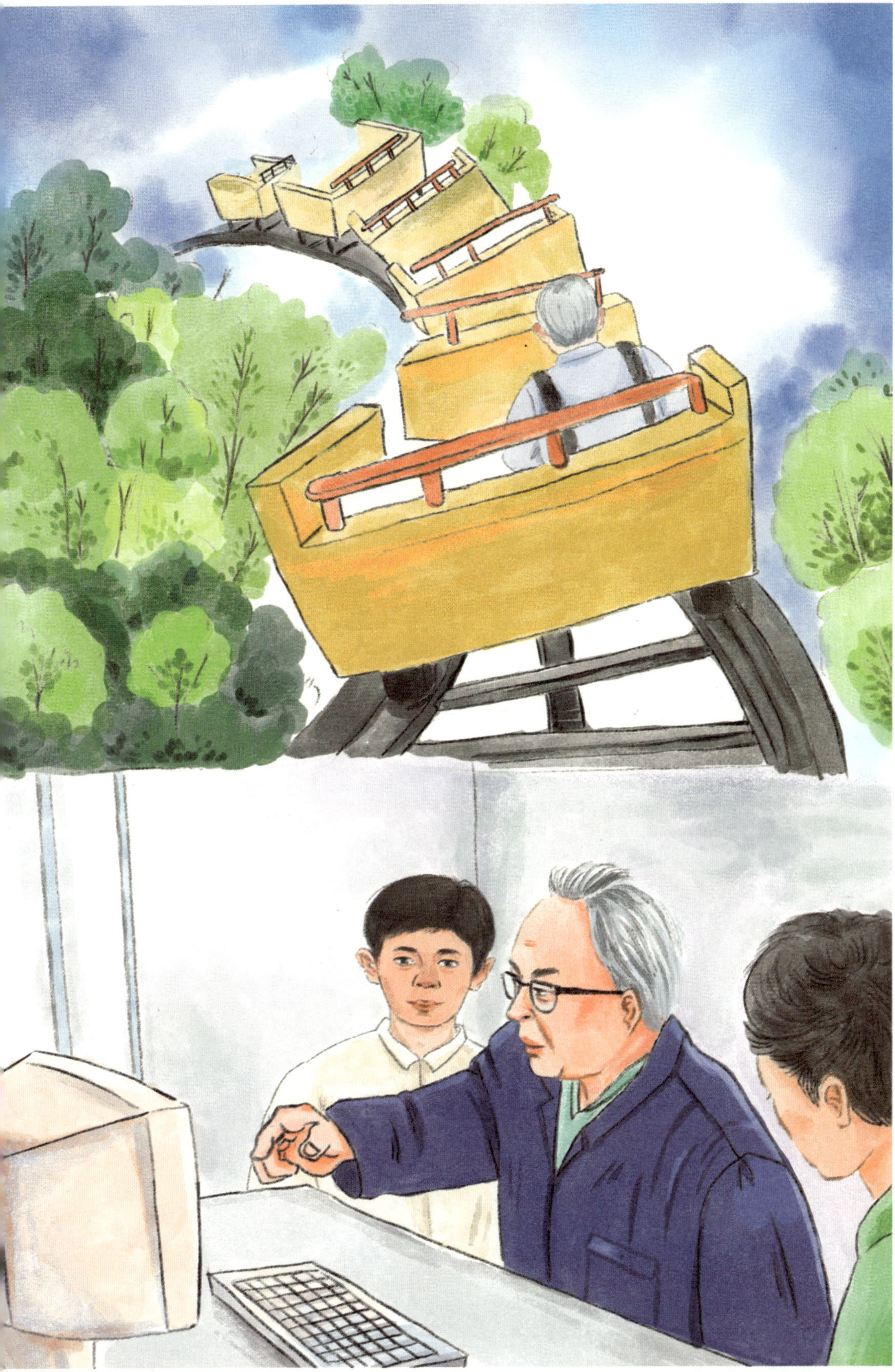

要是因为那样才看,可就没趣儿了。"

吴文俊把得到的中国科技奖奖金都拿出来,开展自主选题研究,支持优秀项目,如他所说的"不为获奖而工作,应为工作而获奖"。他的家朴素简单,但他处之泰然,从没想过要把奖金用在生活上。

数学资料和研究书籍,吴文俊也捐给单位的图书馆。他说自己老了,工作都交给年轻人,这些资料也应该属于他们。

年迈的吴文俊总是兴致勃勃地找寻乐趣,去香港开数学会议,却在会后偷偷跑去坐过山车;到泰国访问时,骑到大象的鼻子上笑得像个孩子。他说那是10多年前的事了,那时候年轻。其实,那时他也已经80多岁了。

吴文俊总说自己是个笨人,说数学是笨人的学问。可是,他的"笨",是笨在执着、笨在专一、笨在认真与踏实。这样的吴文俊,才做出了在数学领域里杰出的成就。

杨嘉墀：天空记载他的梦想

星星充满了神奇的力量
有一个小孩的目光
紧紧地被它吸引着

星星没有国家
但科学家有
他所做的一切都源于
满腔的爱国情怀

为追寻科学
他辗转异国
为振兴中华
他回来尽心尽力

中国的卫星和火箭
搭着他的肩膀
和星星握了握手

星星那么美

1919年，杨嘉墀出生在江苏苏州的一个丝业世家。

他的家庭条件优渥，家里有一些当时不多见的新鲜玩意儿。童年的杨嘉墀是个小淘气，动不动就在家里"搞破坏"。

有一次，他把一个钟表拆了，想弄清楚指针是怎样"走路"的。翻来覆去地研究了半天，也没搞明白，只好装回去。但怎么也装不回去了，老是多出几个零件。

他还拆过门把手上的铜锁，因为特别好奇怎么"咔嗒"一声后，门就打不开了呢。当然，拆掉的铜锁他也没能装回去。

杨嘉墀的父母宽容而开明，不但没有批评他，还表扬他认真钻研、细心观察。当然，为了防止他再"搞破坏"，母亲把好多东西都

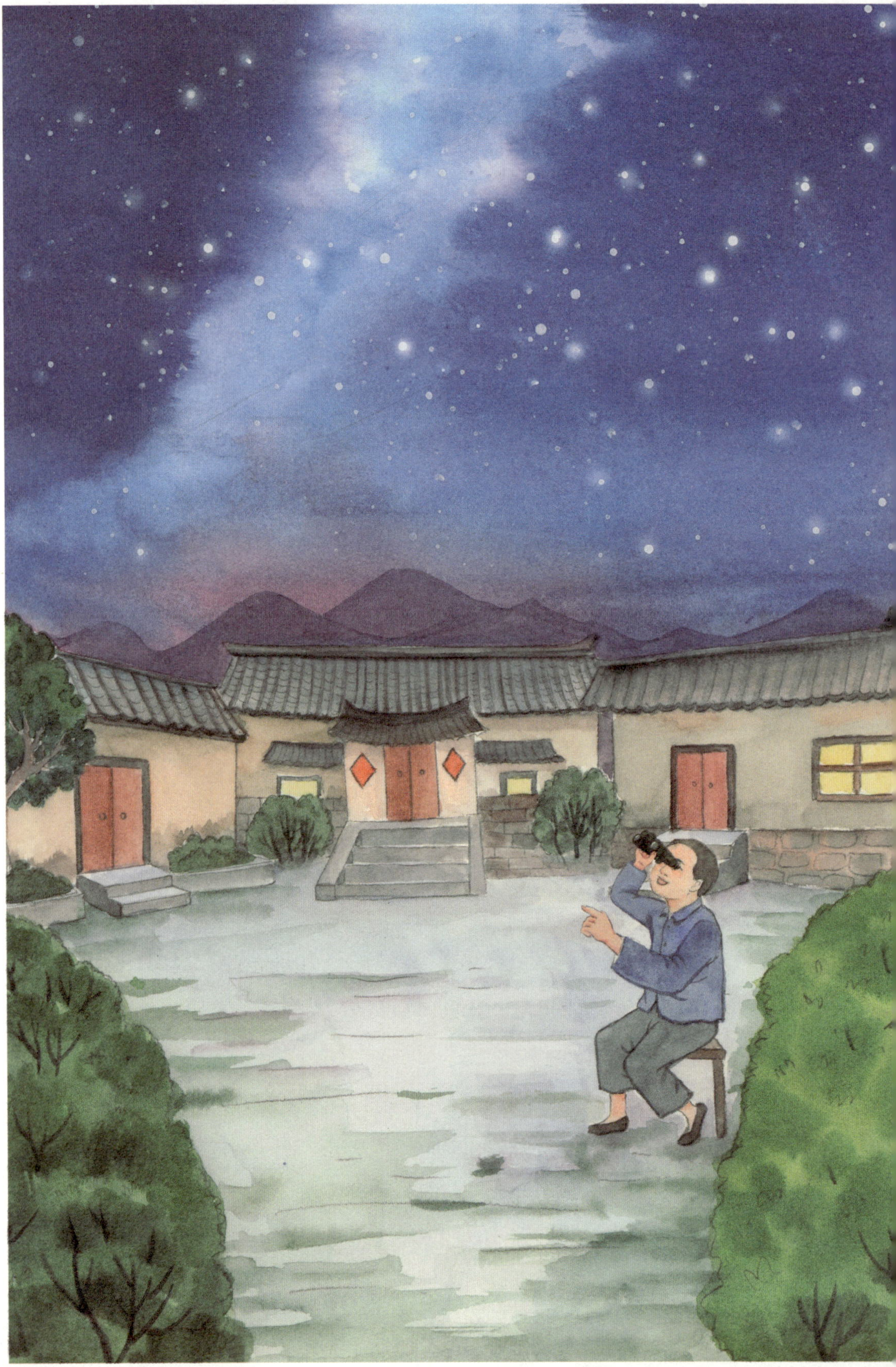

收了起来，放在他找不到的地方。

杨嘉墀幼时，父亲曾送给他一个望远镜做生日礼物，像一束照向星河的光，让他对茫茫宇宙充满了向往。

杨嘉墀对那个望远镜爱不释手，每个晴朗的夜晚，他都会拿着望远镜在院子里一坐就是老半天。那浩瀚的星河，那闪耀的星座，都充满了神奇的力量，吸引着他，引领着他。

也许就是那个望远镜，在杨嘉墀心里种下了探索星空的种子，使他长大后走上从事航天技术的道路。

到了上学的年龄，父母没有送杨嘉墀读私塾，而是让他去家族创办的丝业小学接受新式教育。杨嘉墀学习勤奋，兴趣广泛，从小养成了认真观察、勤于动手的好习惯，一直是学校里的优等生。

小学最深刻的触动，是廖仲恺追悼大会，给他心里留下了烙印。特别是每年五月，学校经常组织学生参加各种活动，纪念"五四运动""五卅运动"等。

杨嘉墀与同学在街头散发传单，贴标语，喊口号，宣传先烈的事迹，号召大家团结起来反抗帝国主义侵略。这些经历，为他植入了自由民主的思想、反帝爱国的情怀，对他以后的人生轨迹起到了决定性的作用。

祖国那么亲

1937年，杨嘉墀考入上海交通大学。那一年，日本发动全面侵华战争，他目睹了日本人的肆意妄为，也看到了中国人的屈辱与无奈。年轻的杨嘉墀暗暗立志，一定要造出飞机军舰，一定要让祖国强大起来，让外国再也不敢欺负中国！

杨嘉墀更加拼命地学习，他要完成他科技救国、实业兴国的志愿。毕业后，他先是去了西南联大电机系当助教，后又前往中央电工器材厂工作。

那是一段非常重要的经历，杨嘉墀在器材厂开始了单路载波电话机的试制，从原理分析到生产装配调试，一个程序一个程序地走下来，研究试验了两年多，终于在1945年做出了我国第一套单路载波电话样机，亮相于昆明工业展览会。

1947年，杨嘉墀来到美国哈佛大学，一年上了8门课，还在麻省理工学院选修了几门课程，仍然成绩优异，不到一年就获得了硕士学位。

他不肯就此止步，继续沿着广阔的大道前进，去探索新兴的科学技术领域，于1949年获得博士学位。

杨嘉墀毕业后在宾夕法尼亚大学工作，他从小爱动手的优势体现出来了，并结合多学科，进行系统的研究设计，研制出快速记录吸收光谱仪，结束了光谱仪手动的历史。1954年，杨嘉墀被洛克菲勒医学院聘为高级工程师，成功研制出生物化学的二色光谱仪、视网膜仿真仪等。

中华人民共和国成立的消息响彻海外，杨嘉墀立即做出回国的决定。学好技术振兴祖国的理想，一直萦绕在他的心里，从来没有淡忘过。他在美国生活优越，前途不可限量，可他从来没想过要在美国长久地待下去，他心里恋着故土，梦中念着祖国。

他拒绝了成为"美国公民"的诱惑，也拒绝了朋友介绍的工作，只说："我要回中国工作，那里是我的家。"

像他这样的科学家回国是很艰难的，杨嘉墀和当时归国的其他科学家一样，经历了重重波折，穿越了种种阻力，在1956年与家人带着他买的一批国内急需的科研仪器，登上了回国的邮轮。

梦想那么真

回国后，杨嘉墀立刻投入到紧张繁忙的工作中。他参与了中国科学院自动化研究所的组建，也参加了《1956—1967年科学技术发展远景规划》的制定与实施工作，提出以控制计算机为中心的工业化试点项目。

1963年年初，我国开启核试验研究，杨嘉墀承担了研制火球温度和亮度测量仪、冲击波压力测量仪、现场地面震动测量仪的任务。

在研制火球温度和亮度测量仪的过程中，杨嘉墀凭借深厚的知识功底和创造性思维模式，提出了采用反馈式光电倍增管线路的大量程温度计方案，和采用变磁阻式压力传感器的方案，为整个研究开辟出道路。

1964年，我国第一颗原子弹爆炸成功，测试核爆结果的，就是杨嘉墀带领团队研制出的测量仪。

1965年，杨嘉墀担任人造卫星总体设计组副组长，他带领团队研究构想、反复试验，使卫星姿态系统方案设计取得突破性进展，保障了卫星的成功升空。

从"东方红一号"到返回式卫星、地球同步轨道卫星，每一个重大突破和进展都倾注了杨嘉墀的心血。

1986年3月，杨嘉墀和王大珩、王淦昌、陈芳允联名倡导了"863"计划，他也是北斗导航系统应用的牵头建议者。他参与了多项对国家安全、人民幸福具有巨大影响的科技成果的研究开发，如

119

导弹、人造卫星、载人飞船等。

在对年轻人的培养方面，他也做了很多工作，言传身教带领他们学习技术，组建了一支极有创造力的队伍。

杨嘉墀一步一步地陪伴祖国把航天梦想变为现实，而他却化作了两句诗，飘然而去——"争名当争国家名，计利当计人民利"。

黄昆：为了中国的半导体

说起半导体
人们很熟悉
说起黄昆
人们不熟悉

可他，是中国固体物理
绕不过去的丰碑

埋头实验室

解决一个个难题
春雨润桃李
为中国半导体领域
储备力量

他的一生所为
感动了中国
也感动了半导体

黄昆不聪明

1919年，黄昆出生于北京，父母慈爱开明，都有很高的文化素养。母亲认真细致的行事风格，对黄昆的性格形成有很大影响。

因为启蒙得早，黄昆很小的时候就识字，他喜欢看书，小学时就读了很多小说。

黄昆曾在伯父家中暂住，有一次，伯父看到他在玩，就问他为什么不写作业。黄昆小胸脯一挺，骄傲地说："就那点儿数学作业，我早写完啦！"伯父告诉他："虽然老师交代的作业写完了，但课本上的题目也要全做完，这样会更系统地学到知识，也会学得更扎实。"

对于学习的事情，黄昆向来愿意接受好的建议，他记住了伯父的话，每天都把课本上的题目做一遍，养成勤于思考的好习惯，他的数学成绩越来越好，一直名列前茅。

但是他说自己不聪明，也常常以自身经历举例，说小学成绩并不能决定终生，只要肯努力，养成良好的学习习惯，在中学时就能迎头赶上。

黄昆之所以说自己不聪明，大概是因为他严重偏科，数学成绩优异，但语文成绩不好，特别是作文，要么一句话就写完了，要么一句话也写不出。他说自己报考了清华大学和北洋工学院，都因语文成绩太差而没被录取。

好在第二年通过了保送考试，得以去燕京大学物理系学习。在燕京大学，黄昆仍然保持着优异的成绩，年年得奖学金。

从小就养成主动学习习惯的黄昆，在完成本年级课程后，开始自学量子力学。

黄昆最聪明

1944年，黄昆获得国立西南联合大学的物理学硕士学位。之后考取了公费留学生，去英国布里斯托大学攻读博士。

当时按照规定，考取的学生去哪所学校、跟哪位导师，可以提出志愿取得对方同意。黄昆对英国科学家莫特的书特别感兴趣，很佩服莫特渊博的学识，他来到布里斯托大学，成为莫特的学生。

这里我们要说一下莫特，莫特于1977年获得诺贝尔物理学奖，他习惯用简单的物理模型解决问题。这对黄昆以后的研究影响颇深，让他将理论和实践联系起来，直面问题本质。

黄昆研究问题都是从第一原理出发，不看文献，由最基本的概

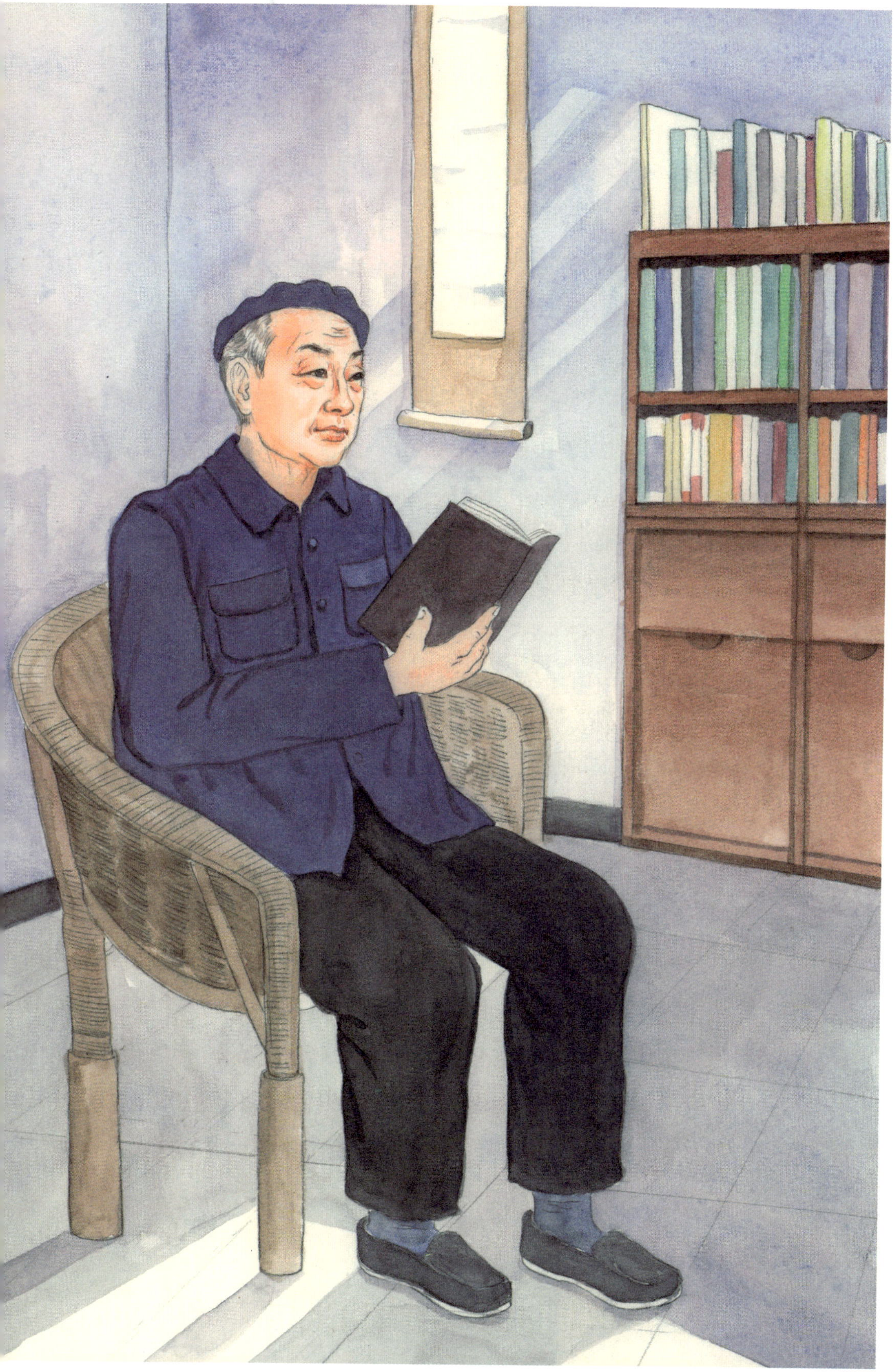

念切入。他说这样不会被牵着鼻子走，避免变成书本的奴隶。

在此期间，黄昆完成了三篇论文，取得了博士学位。

1947年，黄昆来到爱丁堡大学做交流学者，在另一位诺贝尔奖得主玻恩身边工作。玻恩对他极其信任和赞赏，把自己想写而没有写完的晶格动力学理论的手稿给黄昆看，让他按照提纲接着写下去。

开始进行得并不顺利，黄昆是一个非常注意建立物理模型的人，他建议先用清楚的物理图像解释清楚晶格动力学的基本原理，让刚入门的人也有兴趣读下去，以便深入地理解晶格动力学的精髓。

来来回回的辩论之后，他从事实出发的真诚，说服了玻恩。

黄昆用4年时间写完了这本书，并且融入了自己的研究，完善了它。玻恩喜出望外，声称书稿的内容超出了他的理论，在自己的自传中，称赞"中国的黄昆是最聪明的"。

《晶格动力学理论》让之后的几代固体物理学家通过它了解这个领域，成为这一领域里的必读书。

黄昆做研究

1951年，怀着为国发展科学之心的黄昆回到了祖国，在北京大学任教，开设了固体物理课，创建了半导体物理专业。

黄昆还联合几个大学在北京大学物理系创办了我国第一个半导体专门化培训班，他担任主任，和副主任谢希德两年时间就培养了200多名半导体专业人才，这些人后来都成为中国半导体和集成电路的中坚力量，被称作"半导体的黄埔一期"。

黄昆和谢希德合著的《半导体物理学》也是中国半导体领域出版最早、最重要的著作。

1977年，黄昆成为中国科学院半导体研究所所长。任职期间，他为中国的半导体研究理顺了方向，重新组织了科研队伍。

退休之后，他仍旧不遗余力地推动实验室的建设和超晶格研究的发展，开创了我国在材料科学和固体物理学的崭新领域。

黄昆不在家

拜访黄昆的人发现，他的门上总是挂着一块"黄昆不在家"的牌子。他星期天基本不出门，这是怎么回事？其实，黄昆就在家里。

他想要提高研究所人员的学术水平，决定亲自给他们授课。上讲台之前得备好课，可他工作繁忙，工作日都安排得满满当当的，只有星期天能抽出时间备课。

他就在门上挂了这样一个牌子，以便能不被打扰地专心备课。

黄昆利用星期天备课，每周抽出半天时间给研究所的科研人员讲授半导体理论。他讲了10个月，使全所的学术水平有了很大提升，形成了学术气息浓厚的氛围。

从"黄昆不在家"这块牌子可以看出，他是一个很幽默的人。

黄昆爱好广泛，读书习惯保持了一生，每天晚上都要读小说。他爱听西洋歌剧，会哼一些歌剧里的曲子，唱歌也很好听。

他还喜欢爬山，年纪大了爬不动山了，他就在附近散步，一边散步，一边默默地想事情。

黄昆始终强调德才兼备、教书与育人相结合的教育原则，呕心沥血为国家培养科技人才，他认为在中国培养一支科技队伍的重要性，远远超过他个人在学术上的成就。

谢家麟：加速——中国科技

从没有路的地方
蹚出一条路来
一点一点去做
一关一关去闯
进一寸有进一寸的欢喜

他就这样
带领科技人员

把中国的高能物理研究
推到了世界水平

他一辈子
不说疲累
为的是祖国的科技发展
为的是从未磨灭的爱国情怀

从小爱动手

1920年，谢家麟出生于黑龙江哈尔滨，后来随做律师的父亲迁居北京。

那个年代，军阀混战，民不聊生。他立志学好本领救国救民，国家稳定了强大了，人民才能过上安稳的生活。

中学的物理老师张佩瑚讲课清晰生动，特别受学生欢迎，谢家麟虽然也很喜欢物理，但他更感兴趣的是无线电和电气。

他动手做了矿石机，用耳机听广播，后来升级到真空管，改用喇叭听。从矿石机到单管机、双管机，从低频到高频，极大地提高了收音机的性能。

七七事变后，谢家麟自制的短波收音机，成了家人了解抗日战争情况的唯一渠道。

小时候的谢家麟经常躲在屋里搞"发明创造",有一次,他从家里的电灯中拆下铅砂,又从爆竹店买来黑色火药,剥下火柴头,把这些东西鼓捣进旧弹壳里,成功地自制出子弹。虽然射程不如进口的原装子弹,但威力也很大。

青年苦学习

1938年,谢家麟被保送到燕京大学物理系。那时的北京在日寇的占领之中,日本兵的横行霸道,中国人的屈辱和所受的压迫,让他更加痛恨日本的侵略行径,更决心强国为民。

距离毕业只有半年的时候,谢家麟怀着"航空救国"的思想,去了武汉大学航空系。之前的学业全部放弃,一切要从头学起,那份难,他知道。但他去了。

1943年,燕京大学在成都复校,谢家麟离开武汉大学回到燕京大学物理系,读四年级。

毕业后,他到中央无线电器材厂工作。在工厂迁到昆明后,他第一次接触到高频高压工作,研制一台测量高频材料耐压性的高频高压产生器。

谢家麟带领一个学徒工,仅用了几个月就完成了。但是在研制过程中遇到一个谐振回路中类似磁滞的现象,虽然并不影响使用,但他对此百思不得其解。

他多方查找资料,向很多专家和学者请教,都没得到答案。

直到留学回国后,在电子回旋加速器的研制中遇到同样的现象,才悟出了答案,解开了这个困扰他十几年的谜团。

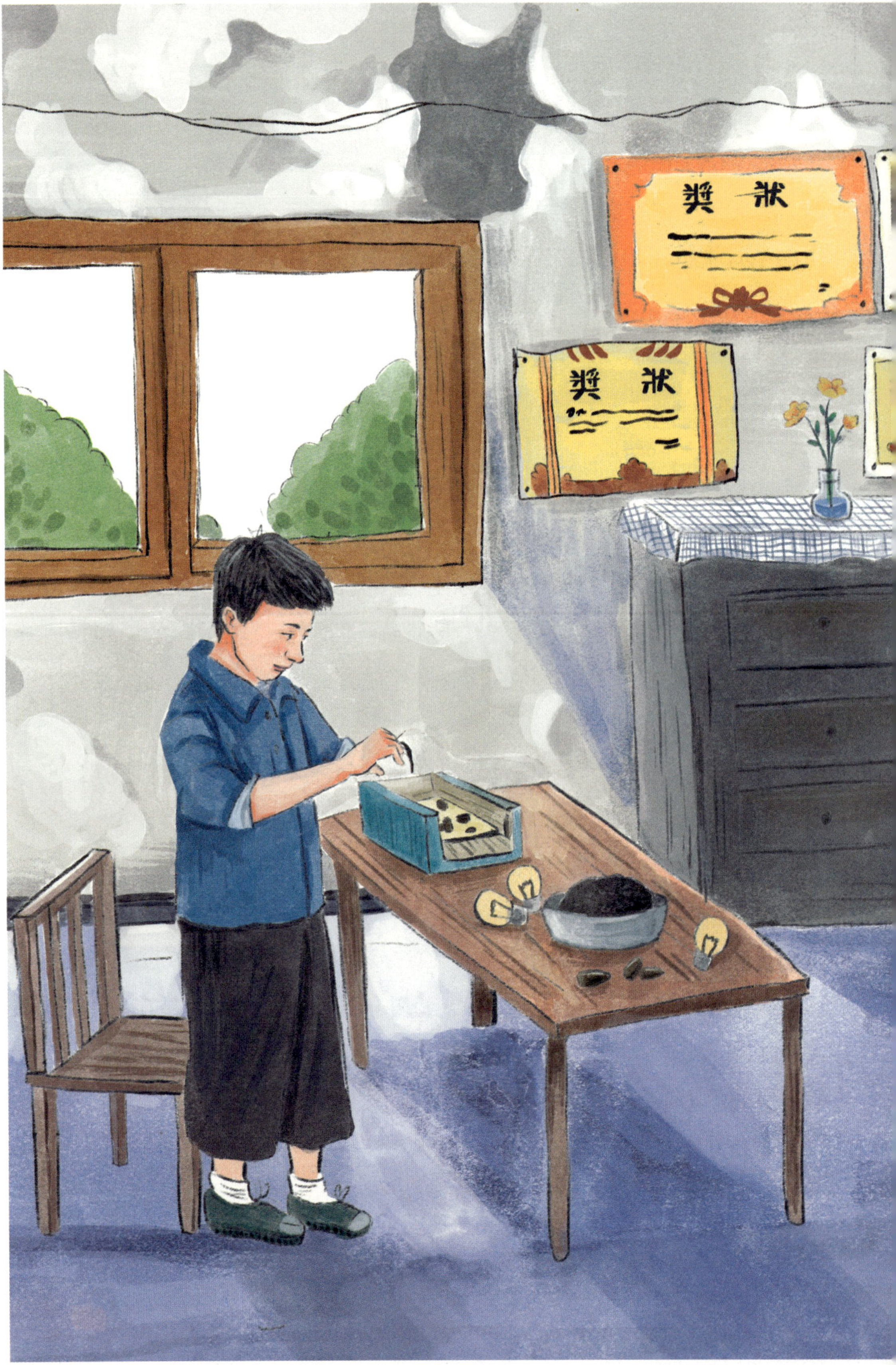

獎 狀
獎 狀

谢家麟就是这样执着，哪怕是不影响使用的问题，也要搞清楚。做科研工作，就是要有这种"较真儿"精神。

1947年，谢家麟通过了教育部举办的留美考试，来到美国加州理工学院。仅用了9个月就获得了硕士学位，经校长推荐转到斯坦福大学物理系，学习微波物理。

他用了大量时间学习实际动手的能力，比如焊接技术、探漏技巧、金属部件的焊前化学处理、阴极材料的激活方法等，还参与了电子直线加速器研究课题的多项核心工作，为他以后的事业打下了坚实的基础。

1951年9月，获得博士学位的谢家麟登上邮轮，要回到他心心念念的祖国，同船的还有很多留学生。

行驶到檀香山时，美国移民局和联邦调查局的官员上船了，禁止谢家麟和另外几位学习科技专业的留学生出境。

被迫返回的谢家麟，在斯坦福大学担任实验室助教。既然无法回国，那就继续研究加速器，将来，总能回国吧，多积累些本事也不是坏事。他一边安慰自己，一边期盼着早日有机会回国。

芝加哥一家大学医学中心邀请谢家麟前去设计医用加速器。两年之后，谢加麟成功研制出世界上第一台医用加速器，开拓了高能量电子束治疗癌症的新领域，轰动了美国物理学界。

1976年，时任斯坦福直线加速器中心所长的潘诺夫斯基教授来中国时，与谢家麟一见面就兴奋地告诉他："你在芝加哥建造的加速器仍在运转。"

毕生为科学

1955年，谢家麟才等到了回国的机会，在中国科学院原子能研究所工作，1956年，开展电子直线加速器的研制。

那个时候的中国，各方面都一穷二白，物理学领域也是如此。

那时候的科研条件有多差呢？人们连加速器的名字都没听说过，更别说配套的实验工具和制造材料了。谢家麟对此有个形象的比喻——要吃馒头，先种麦子。

就算先种麦子，连麦种也没有啊！

当时西方国家对我国实行禁运，想买加速器实验用的元器件和装置？买不了。总之是要技术没技术，要装备没装备，要什么没什么。

但是不怕，有困难就有办法。如谢家麟所说"科研工作就是解决困难问题，没有困难就不叫科研，科研工作的根本精神就是创新，没有路可走，自己就得想出一条路来走"。

从"找麦种"，"种上麦子"，到"蒸出馒头"，这个过程的艰难啊，无法尽述。

谢家麟带领团队从零开始，所有参考资料就是一篇论文和一张加速器外形图，他们从画图入手，亲手打造零件。

微波实验室也是一点一点手动建立起来的，制作信号发生器、各种波导元件，又设计安装晶体架……

谢家麟在国外留学时就习得了熟练的相关技术，这时才能让很多问题迎刃而解。甚至有的时候，是他手把手地教焊工师傅密封高真空系统。

谢家麟带领团队克服了所有困难，用了8年的时间研制出中国第一台电子直线加速器,后又研制出中国第一台高能粒子加速器——北京正负电子对撞机,使我国在加速器领域不但从无到有,而且在极短的时间里就赶上了世界水平。

谢家麟一边"种麦子",一边培养"种麦子的人",以弥补这个学科的人才缺失。

在谢家麟的眼中,青年才是科学的未来。他把国家最高科技奖的奖金都捐给了中国科学院高能物理研究所,唯一的要求就是这些钱要用到青年身上。

谢家麟此生所做,都是为了中国的两弹研制和国防建设,他谦虚地表示"荣誉属于所有的技术人员"。但他为此所做的巨大贡献,永远不会被遗忘。

黄翠芬：毕生所学为国为军

战乱中继续学业
放弃最喜欢的化学
投身从医
要救民于苦

两个月的海上颠簸
浇不灭热情如火
她心里装满祖国

最难的日子里
始终不忘自己是祖国的女儿
要回国做贡献

一甲子的科研攻关
只为实现那个初衷
报效祖国
服务人民

当然要读书

1921年，黄翠芬出生于广东台山的一个大家庭，有兄弟姐妹十三人，她排行十一。母亲很有见识，性格温和，在黄翠芬小的时候，给了她充足的关爱。

黄翠芬说，那个时代女孩子能读到硕士很不容易，幸亏她有个开明的母亲。她小时候非常喜欢读书，有一次，母亲开玩笑："要读书就不能要嫁妆了。"黄翠芬一笑，抓起书包去学校了。她说这事想都不用想，当然是要上学啊，嫁妆算什么！我不要家里的钱，要靠自己的能力拿奖学金供自己上学。

黄翠芬果然凭奖学金一路读到高中毕业，但学业进行得并不顺利。那时广州被日军肆意轰炸，黄翠芬先到香港，后到澳门，就读于从内地迁去的私立协和中学，以第一名的成绩为高中画下了句号。

黄翠芬参加了8所大学的招生考试，全被录取。她选择了岭南大学化学系，这个决定源自她小时候的经历。她特别爱看魔术表演，看着魔术师在舞台上变出五彩的颜色，觉得非常好玩儿。

中学化学课的实验中，她发现化学剂里加入不同的物质，就会变出各种各样的颜色，这真是太神奇了！原来她也能成为魔术师！

就这样，黄翠芬迷上了化学。每节课她都觉得听不够，下了课还要拉着老师问这问那，她心里有那么多的疑问等着解决呢。

当然要深造

1944年，第三次粤北战役爆发，战乱中学子们艰难地进行着学业，黄翠芬也不例外。

她断断续续地修完了学分，获得了毕业证书。多年来目睹国家受辱、人民被欺凌，黄翠芬内心充满愤慨，树立了科学救国的信念。

大学毕业后，黄翠芬来到重庆，进入中央卫生实验院工作。此时的重庆未能偏安，也是一片愁云惨雾。那些因霍乱流行而横尸街头的情景，在她心里刻下了抹不去的印记。

黄翠芬毅然决然地放弃了自己喜欢的化学，投入微生物流行病的研究工作。她不想做魔术师了，她要做一个医学家，救民于苦。

这时，她已经遇到了以后的丈夫周廷冲——生化药理学及毒理学家，中国科学院院士，我国生化药理学的奠基人。她通过周廷冲认识了她的人生领路人——中共地下党员计苏华。

黄翠芬和周廷冲都想奔赴延安，与党并肩战斗，但党组织更想为国家储备人才，以发展科技大业。他俩就考取了奖学金，出国深造。

当然要回国

1948年，黄翠芬进入美国康奈尔大学攻读，1949年获得硕士学位，随后在波士顿突夫斯医学院从事研究工作。

中华人民共和国成立的消息，让他们归心似箭。回国，马上回国！他们的心里只有这一个想法。

夫妻俩筹足了路费，把全部积蓄都买成了研究工作所需的仪器设备。当时美国不让高级知识分子回国，移民局拒绝了他们的出境签证。他们想绕道香港，谁料美国移民局已经和英国领事馆达成协议，这条路也行不通。

怎么办？如果不回国，所学又为何？不能为国家建设出力，那来这里干什么？

从小就有主见的黄翠芬，做了一个大胆的决定：偷渡。他们多方探听去中国的远洋船只，终于找到一艘货船可以带他们回去，他们买了高价船票。

上船前，船主再次告诫他们，一定要想清楚再上船，如果被移民局抓住，会被终生流放荒岛。

想什么？不用想，他们只想回国。迫切回到祖国的心愿，压过了所有的恐惧和不安。

他们带着给祖国的"见面礼"——那些国内急需的实验器材，义无反顾地钻进了阴冷潮湿的舱底。

那是一段惊心动魄的旅程，那是一段心惊胆战的日子。甲板上传来的每一阵脚步声，都让他们的心揪得紧紧的。

他们一直窝在舱底，而当时的黄翠芬已怀有7个月的身孕，一

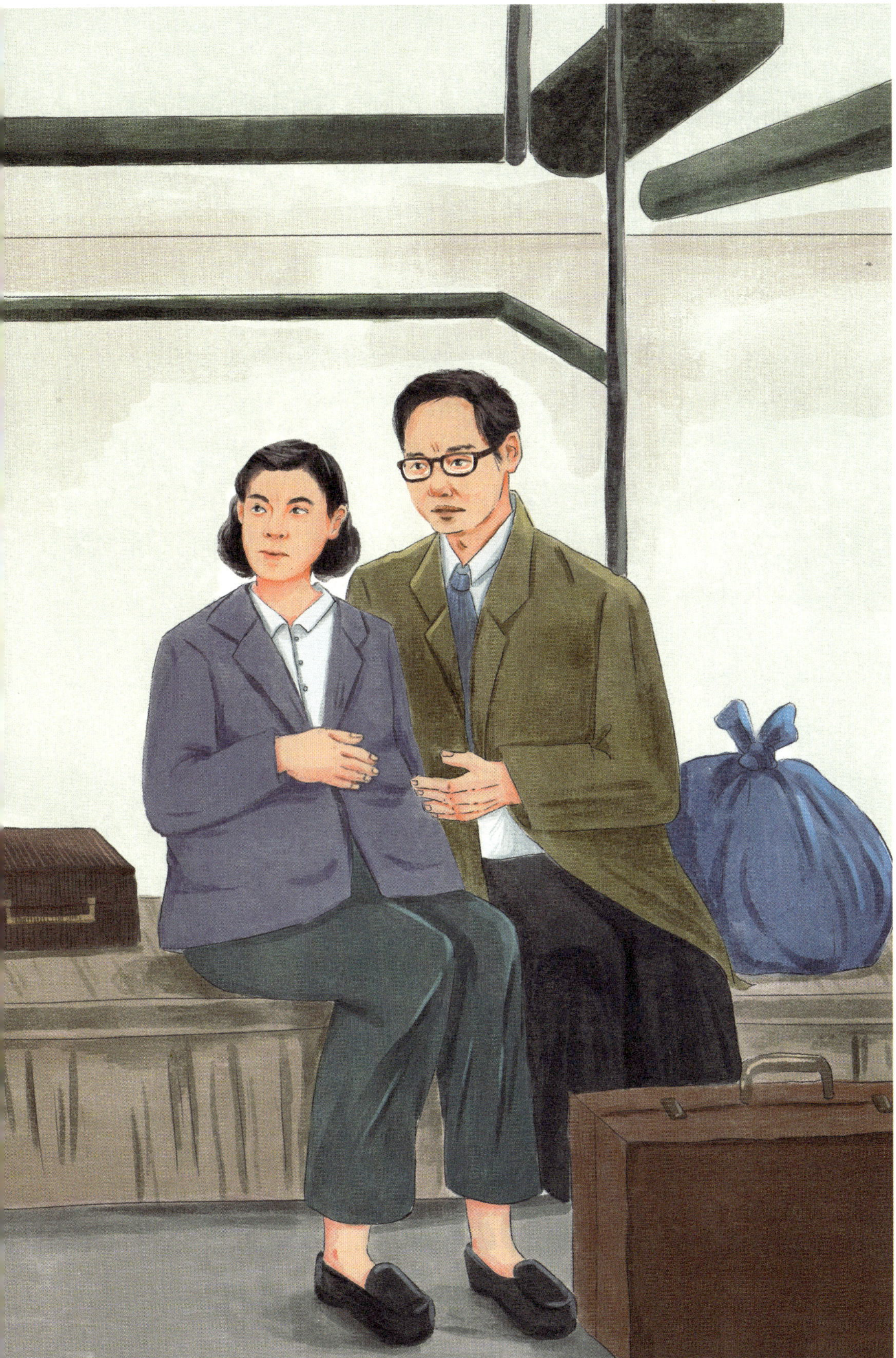

直到货船进入公海，才呼吸到出来之后的第一口新鲜空气。在海上漂泊了56天，货船抵达天津，祖国啊，你的儿女回来了！

当然要进取

回国后的黄翠芬和周廷冲来到山东医学院，投入紧张的筹建工作中，仅用半年时间就建立起了微生物教研室。

当时中国的药理人员与医务人才极其紧缺，黄翠芬一边编写教材，一边招收学员，开展课程。

为响应卫生部加速培训中级医务人员的号召，黄翠芬担负起编写《细菌学》的任务。

她加班加点地提前完成编写计划，投入教学使用，成为我国医疗卫生教学的第一批教科书。她把稿费全部捐给了国家，支援抗美援朝。

1954年，黄翠芬调入军事医学科学院，从事微生物毒素的毒理机制及流行病综合防治研究。1978年，她领导创建了全军第一个分子遗传学研究室。

为了尽快掌握分子遗传学这一全新的技术，黄翠芬于1982年自费到美国国立卫生研究院学习了半年。

年过花甲的她在实验室一站就是一天，参与完成了两个科研项目，发表了两篇论文，还为分子遗传学研究室筹集了许多实验设备和仪器，复印了几十万字的资料。

回国的飞机上，她提着一个用干冰封存的小盒子，里面装的是她的宝贝——实验用的菌种。那些菌种将在以后的科研工作中，长成繁茂的大树，开出璀璨的花。

当然要奉献

在60多年的科研工作中，黄翠芬为我国军事医学事业做出了卓越的贡献。

20世纪五六十年代，黄翠芬成功研制出四联创伤类毒素及高效甲、乙型肉毒素等。70年代末，她在国内率先采用分子生物学技术开展细菌毒素的结构与功能研究及基因工程疫苗研究，成功研制出高保护率的幼畜大肠菌腹泻预防基因工程疫苗及人用腹泻预防基因工程疫苗。80年代，黄翠芬又开展了基因工程多肽药物研究，开发了溶血栓特效的多肽药物。2000年以后，她开展分子肿瘤研究，取得重要成果。

黄翠芬也是一位桃李满天下的教师，为祖国培养了大批医学人才，为我国的医学事业延续了新生力量。

她，实现了当年回国的初衷——报效祖国，服务人民。

王希季：志在星辰大海

星辰大海
是永远的向往
那些科学家
把中国的航天梦想
变成现实

火箭要上天
卫星要回收

中国的飞天宏图
一个个都要实现

他带领航天人
探索宇宙奥秘
在和平利用太空的路上
大步向前

人小志大

"祝融号"探索火星，"羲和号"追逐太阳，"嫦娥五号"实现了"嫦娥奔月"的美好向往，"天宫"空间站更是开启了"定居太空"的新时代……

我们对星辰大海的探索从来没有停止过。一代又一代的航天人，不断创造着举世瞩目的成就，让中国人为之骄傲自豪。

航天领域最早的那一批科学家，曾经栉风沐雨，曾经步履艰难。正是因为有他们的坚持和进取，才有了我国航天科技的发展。

1921年，王希季出生于云南昆明，父亲是商人。1931年的特大洪水，把他家在汉口的商号席卷而去，生意毁了，家业空了，王希季差点因此辍学。

经历变故的父亲，其实想让孩子们掌握一门手艺，安稳地过日子。王希季却人小志大，酷爱学习，难住同学们的数学题，他总能流畅地解答出来，赢得大家的钦佩。全市小学毕业会考，王希季名列第一，被誉为"春城小状元"。

好几个中学的校长都找上门来，欢迎王希季前去读书。王希季进入了昆华高级工业职业学校附属中学，靠奖学金读完了初中，又以第一名的成绩考入昆华高级工业职业学校土木科。

七七事变爆发，王希季在学校军训时深受抗日情绪的影响，要参军上前线打日本鬼子，因年纪小未被招收，但为国为民的思想已根植于他的心中。

1938年，刚上了一年高中的王希季参加了国立西南联合大学的招生考试，他当时想就算考不上，也可以感受一下考场的气氛，为今后参加高考积累经验，没想到竟然顺利考上了。

爱国才子

大学期间，王希季看到被日军轰炸的昆明生灵涂炭，心中悲愤万分，却毫无办法。

让国家强大起来，成了王希季最迫切的心愿。能源是工业的命脉，要发展工业，必先发展能源，在这种情境下，王希季产生了将来投身于祖国能源工业的志向。

1947年，王希季考取了公费留学生，来到美国弗吉尼亚理工学院，攻读动力与燃料专业。

1949年，中华人民共和国成立的消息飞跃大洋彼岸，准备攻读博士学位的王希季终止求学计划，历经波折回到了祖国的怀抱。

王希季远渡重洋时，想的是为祖国建立大电厂，以改变当时电力短缺的现状，解决中国工业发展的根本问题。他并不知道，若干年后，由他主持研制的中国第一枚液体燃料探空火箭，会穿越太空。

他也没有想到，之后会为了国家的需求而多次转行，成为中国航天事业的领头人，在返回式卫星、载人航天等领域完成多项首创工作，推动中国航天事业完成从无到有、从有到强的蜕变。

艰难探索

1958 年，王希季被调到中国科学院上海机电设计院，担任探空火箭的技术负责人。从此，他毕生与航天事业为伴。

当时他既没有火箭方面的专业知识，也没掌握相关的技术资料。王希季和搭档杨南生边学边教，带着一帮年轻人开始研制中国的第一枚探空火箭。

可是失败了。

因为缺少经验和材料，他们设计的卫星运载火箭所需的推进剂，当时我国在材料和工艺上都实现不了。后来，这枚火箭只能作为展览品。

失败不可怕，从失败中总结经验才是最重要的。王希季认真反思，重新梳理了思路，认为应该结合中国的国情，从技术难度较小的无控制探空火箭入手，积累了经验之后，再研制运载火箭。

1960 年，王希季带领团队设计制造的液体推进剂探空火箭初告成功。虽然只飞行了 8 公里，却是我国奔向太空的开端。

1965 年，上海机电设计院并入七机部，迁到了北京。王希季被任命为第八设计院总工程师，主持中国第一个卫星运载火箭的总体

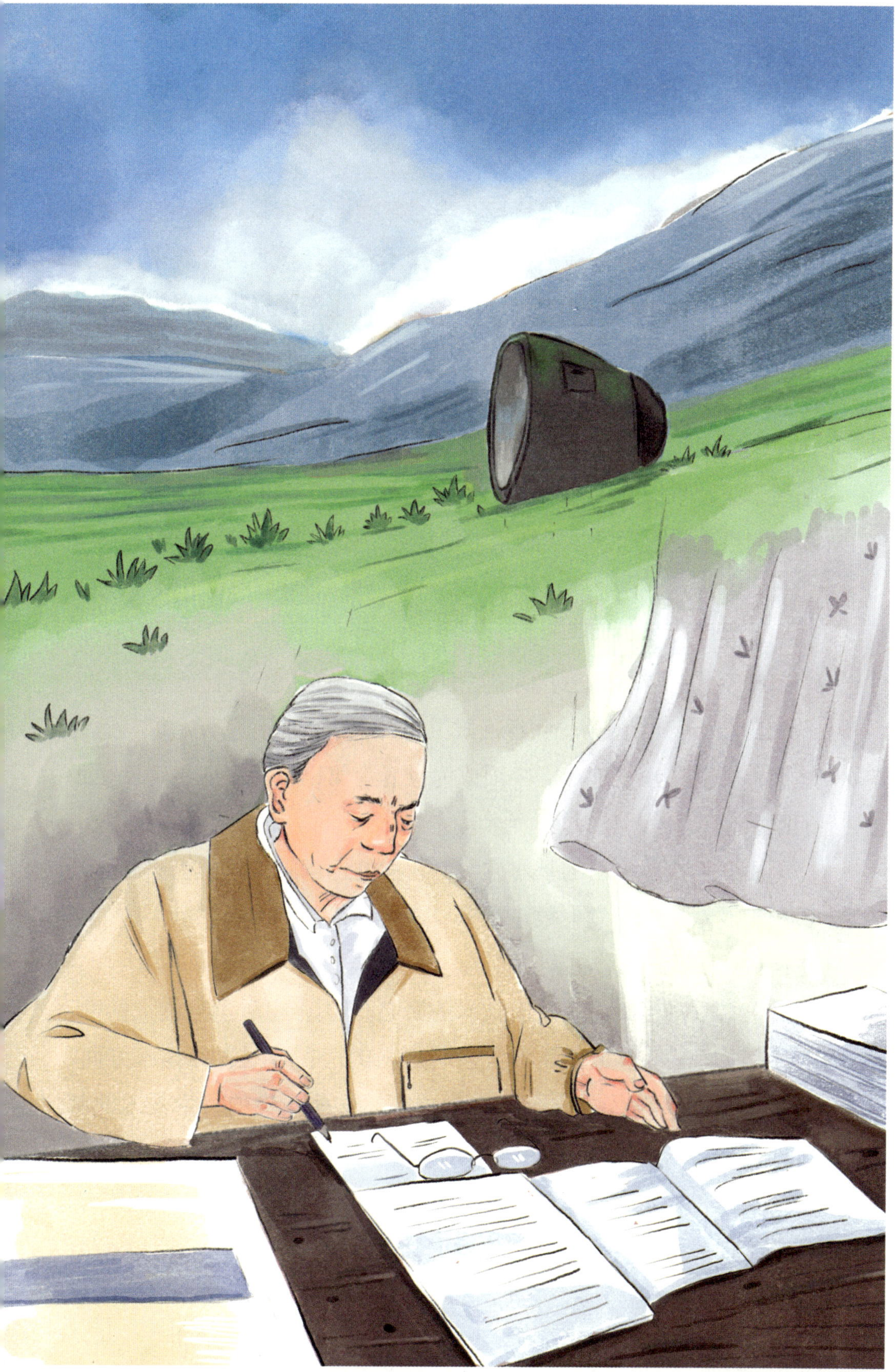

方案论证和设计工作。

王希季结合所有的资料，在当时掌握的技术基础上，根据我国的工业现状，创造性地把探空火箭技术和导弹技术结合起来，把液体的推进剂火箭与固体的推进剂火箭组合起来，提出了以中程液体火箭为第一级与第二级，加上一枚固体推进剂火箭作为第三级卫星运载火箭的技术方案。

这是中国第一次进入太空，当"东方红一号"人造卫星腾空而起时，王希季流下了激动的眼泪。他仿佛看到了中国探索宇宙奥秘、和平利用太空的远景，看到了中国航天造福人类的美好未来。

飞天宏图

此后，王希季担任了我国返回式卫星的首任总设计师。

1975年，中国第一颗返回式卫星升上了太空，三天后顺利返回地面，降落在预定地点。中国成为世界上第三个掌握卫星返回技术的国家。

根据王希季提出的基本方案，我国的返回式卫星成为研制周期最短、成本最低、发射数量最多、成功率最高的卫星系列。这，都是他和队友团结协作共同达成的。

王希季一生致力于航天技术的研究，中国18种型号的火箭中，有12种是王希季担任负责人研制出来的。在卫星返回技术方面，如卫星的飞天路线、安全返回形式等，这些顶尖的科学技术他都了如指掌。

"863"计划启动后，中国的载人航天工程再次迎来了发展契机。王希季提出我国应以空间站系统为目标，以载人飞船起步来突破载人航天技术。

他的这一建议是建立在多年的实践经验上的，这时我国已经成功发射过 17 颗回收式卫星，所以这一目标是有实现的基础的。在他的建议下，中国的"神舟号"载人航天工程方案初步形成。

1999 年，神舟一号飞船成功发射，成为中国航天技术重大突破的一个标志。

而王希季已投入了更具前瞻性的研究。他认真研究国外的案例，分析了他们的经验后，提出载人空间实验室是发展空间站之前不可逾越的步骤。他的这些思路为中国载人航天事业的发展提供了战略性的构想。

如果说那代人描绘了我国航天事业的蓝图，王希季就是执笔人之一。如果说实现中国飞天梦想的翅膀是火箭，王希季就是打造翅膀的科学家之一。如果说众人合力托起我国的航天之志，王希季就是先行者之一。

吴孟超：医者仁心

他的身上
有太多的故事
他被人记住
有太多的理由

手术刀是他的武器
与病魔搏斗几十年
救下的人数也数不清

手术服是他的盔甲
披上它就威风八面
打赢一场场战役

他却说自己
只是"吴医生"

割橡胶的孩子

1922年，吴孟超出生于福建闽清，因正值农历七月，所以父母给他取名为孟秋。上初中时他自己改名为孟超，以激励自己不断去超越。

吴孟超幼时非常瘦小，3岁才会走路。因为家里穷，父亲要去南洋谋生，那时吴孟超还不会走路，父亲最不放心的就是他，可是有什么办法呢，医生也只是说多练习。担心的父亲，一步三回头地离家远去了。

母亲带着吴孟超兄弟，艰难度日。幸亏有舅舅相帮，一家子才能吃饱饭。在吴孟超的记忆里，舅舅每次来都扛着挂满田鸡的扁担。吴孟超瘦弱得让舅舅心疼，舅舅就想着法儿地为他补充营养，河沟里的田鸡是最好的选择。

母亲没有忘记医生说的"多练习",劳作之余,就扶着他学走路。一天又一天,吴孟超竟然真的会走路了!他轻轻推开母亲扶着他的手,一步一步地迈开了……

吴孟超是个小淘气,最喜欢到山上的舅舅家去,开始时是舅舅领他去,后来自己就跑去了。外婆疼他,什么好东西都给他留着,等他来了吃。山上更是有很多有趣的东西,他常常玩得忘了回家。母亲担心他,不让他去,舅舅就隔三岔五地来接他。

在山路上跑来跑去的吴孟超5岁了,母亲带他和弟弟去了南洋,和父亲团聚。离家时那个不会走路的孩子竟然这样活泼健康了,父亲激动得又想哭又想笑。

在国外受了很多苦的父亲一心要让孩子上学,觉得不读书根本没有出路。但家里没有钱,吴孟超只能半天上学,半天去割橡胶。

父亲教吴孟超割橡胶时怎样找好角度,怎么运用巧劲。没想到,这些经历竟然为他以后成为一个传奇医者奠定了基础。

吴孟超说:"割橡胶是很讲技巧的,要把树皮割开,里面的胶才能流出来。但树干本身有个水线,是供应营养的,割的时候不能割破这层水线,否则这块伤口上就会长一个疙瘩,下次就不能从这里下刀了。有的人不管这个,但我就特别注意。这个跟做手术差不多,好的医生开刀,要准,还要稳,切口尽可能地小,我现在拿手术钳就是这样,非常精细。"

四五点钟的时候橡胶树体内的水分最为丰盈,小小的吴孟超经常凌晨一两点钟就得起床,跟随父亲去橡胶林割胶,连鞋子都没有,光着脚任凭草往脚上扎。

他还喜欢各种手工制作,雕刻呀,编小篮子呀,都做得又精致

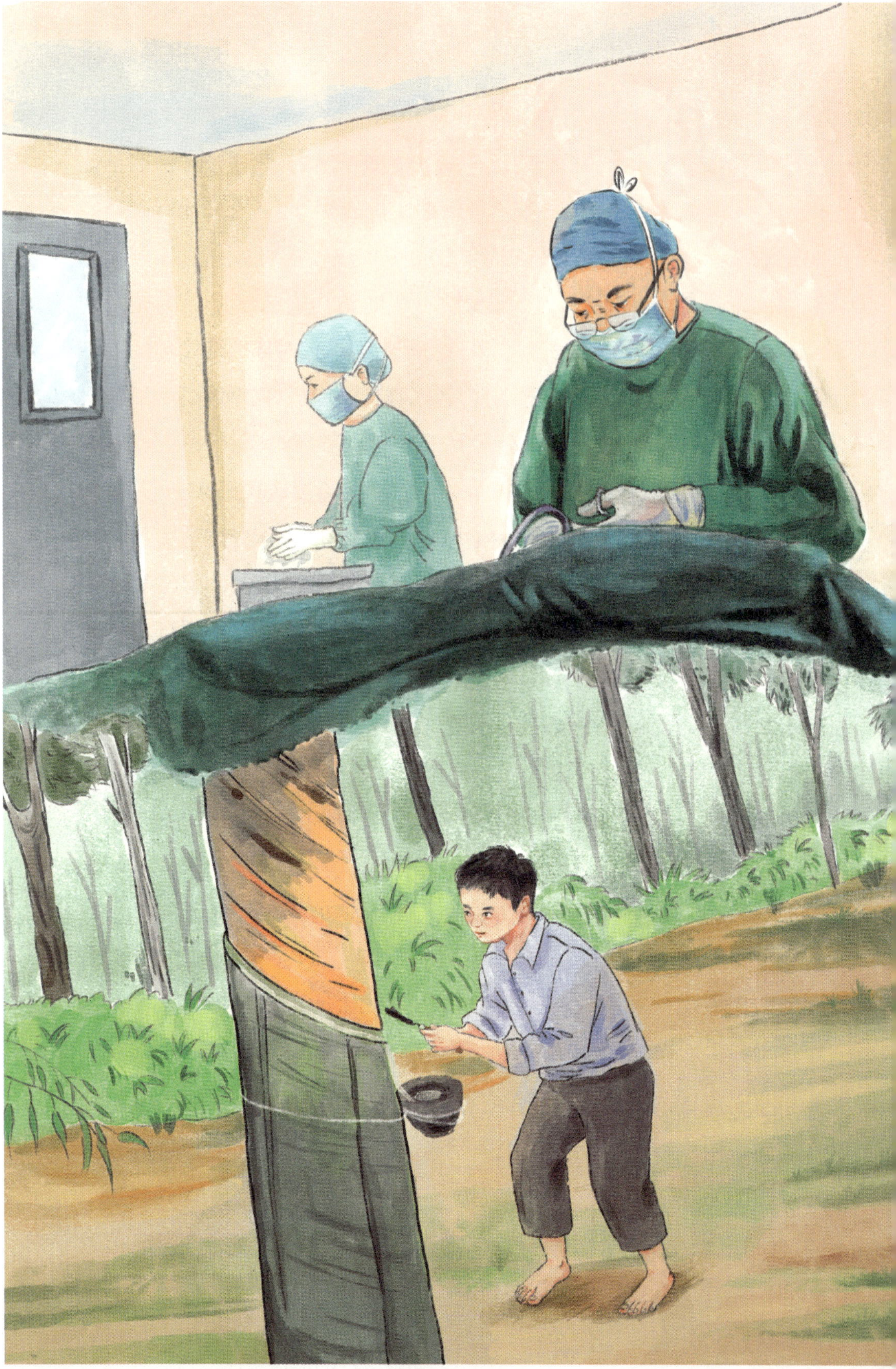

又好看。也许上天给他一双灵巧的手，就是让他去治病救人的。

1939年，父亲想让他去英国上学，以寻求更大的发展空间，也能改善一家人的处境。但吴孟超对外国不感兴趣，他想回国，参加抗日战争。

他记得父亲平常说得最多的两句话——"要记住，你是中国人""要成为一个有用的人，要好好读书"。

做手术的大夫

辗转回到祖国的吴孟超，没能成为战士上战场，却成了医生，在手术室里打赢一场场战役。

他本来要去延安找共产党，因战争封锁无法到延安，就开始了求学之路。高中毕业时，从小动手能力极强的吴孟超想报考工科，后来成为他妻子的同学吴佩煜的话改变了他的人生轨迹。

吴孟超考入了同济大学医学院，成为中国外科之父裘法祖的学生。几年后，吴孟超遇到了另一位伯乐——赵宝琦教授。

因为小时候营养不良，吴孟超的身高只有1.62米，而且毕业考试时，吴孟超的小儿科成绩比外科成绩好，所以被分配到小儿科工作。

可是，吴孟超铁了心要做外科医生。1949年8月，上海华东军区人民医院公开招聘医生，吴孟超用满满的自信和对外科的热情去争取，他说自己从小就割橡胶，有一双最适合做外科手术的手，并且现场演示，打动了主考官赵宝琦。

1958年，吴孟超听从恩师裘法祖的建议，选择了肝胆外科为主攻方向，当时中国的肝胆外科尚为空白。他与同事方之扬共同翻译出版了 20 多万字的《肝脏外科入门》，这是国内第一本肝脏外科译著。

吴孟超还争分夺秒地学习理论，与同事张晓华、胡宏楷组成"三人研究小组"，首次提出了"五叶四段"理论。1960 年，吴孟超主刀完成了他的第一台肿瘤切除手术，这也是中国第一台成功的肝脏外科手术。之后，他又完成了世界上第一台人体中肝叶切除手术。

1975 年，吴孟超做过一场后来被肝胆外科界奉为经典的手术，切除了直径 68 厘米的巨大肿瘤。他在手术前查阅大量资料，与助手反复修订手术方案，做好了充分准备，以一百分的严谨去进行那场手术，每一个动作都确保无误。手术顺利完成，吴孟超在精神高度紧张的情况下，整整站了 12 个小时。

1983 年，吴孟超做了一场更为轰动的手术，为一名 4 个月大的婴儿切除肿瘤。那次手术风险极大，大家都劝他不要尝试。可那是一个还没看过世界的小生命啊，怎么能忍心不救呢？他和同事们多次讨论，最终敲定手术方案，并且请来了儿科的伙伴协同作战。3 个多小时的一场硬仗，响起了胜利的号声，比婴儿的头还要大的肿瘤被剥离出来，婴儿体征一切正常！

这场手术轰动了世界肝胆外科领域，吴孟超创下了为世界上年龄最小的患者切除肝脏肿瘤的纪录。

10 天后，小患者顺利出院。长大后，她又来到吴孟超所在的医院，不过这次她是来工作的，当年的婴儿学了护理专业，成了一名优秀的护士。

有大爱的医生

吴孟超的病人大都条件差、病重。他觉得这样的病人求医无门，是他的耻辱，就恢复了自己的"星期二门诊"。有时候必须外出，回来后也一定会补上。他拒绝涨挂号费，还尽量给病人开便宜的药，就连术后缝合，他都亲自手缝。虽然有器械缝合，既简单又省事，可是他说："器械'咔嚓'一声，1000多块钱就没了，那可是能供一个农村孩子读一年书的钱，我手工缝合的和器械一样，但不用花钱。"

这样的吴孟超，是医生，更是仁者。

吴孟超还是一位培育出中国肝胆外科约八成中坚力量的教育家。对学生，他最常说的一句话是："德是第一位，术是第二位。"他也把恩师裘法祖的话传给学生："做人要知足，做事要知不足，做学问要不知足。"

吴孟超对自己极其小气，对国家和医学却超级大方。1996年，他用30万元积蓄和社会捐助的400万元成立了"吴孟超肝胆外科医学基金"，重点资助在肝胆领域取得杰出成绩的医疗和科研人员。2006年，他把获得国家最高科技奖的500万元奖金和解放军总后勤部奖励的100万元全部捐出，用于医院的基础研究和人才培养。

2021年，吴孟超走了。来为他送别的人络绎不绝，盖着党旗的吴孟超被慷慨激昂的《国际歌》环绕着。"医之道，德为先"，他的精神与大爱，从未远去。

姚桐斌：奇才天纵英名隐

他的路
走得比世人都难
终于拼搏到苦尽甘来
他却毅然回国

出去是为了学习先进技术
回来是为了建设落后的祖国
那多灾多难的母亲啊
无时不萦在他的心

要让火箭上天
要让卫星在太空旋转
他拼尽一生
托起中国的航天梦

我们搭着他的伟岸身躯
探索星辰大海
天空永远留着
他的名字

学

1922年，姚桐斌出生于江苏无锡。父亲是长工，母亲在家操持家务，也养蚕贴补家用。家大口多，生活过得极其艰难。后来，他们家开起一间小铺子，日子稍微好过了一点儿，姚桐斌也得以上学。

聪慧过人的姚桐斌，一直保持着第一名的成绩。读了书，开阔了眼界，他知道了只能靠知识改变命运，学好了本领才能走出去。

可是父亲觉得上学没用，逼着他退学回家帮忙打理铺子。校长知道后，三番两次地去他家劝说，好不容易才说动了他父亲。但这学上得也很艰难，因为他还要摆地摊打零工挣学费。

父亲骂他、打他，他也咬紧牙忍着。他知道，一旦放弃学业，

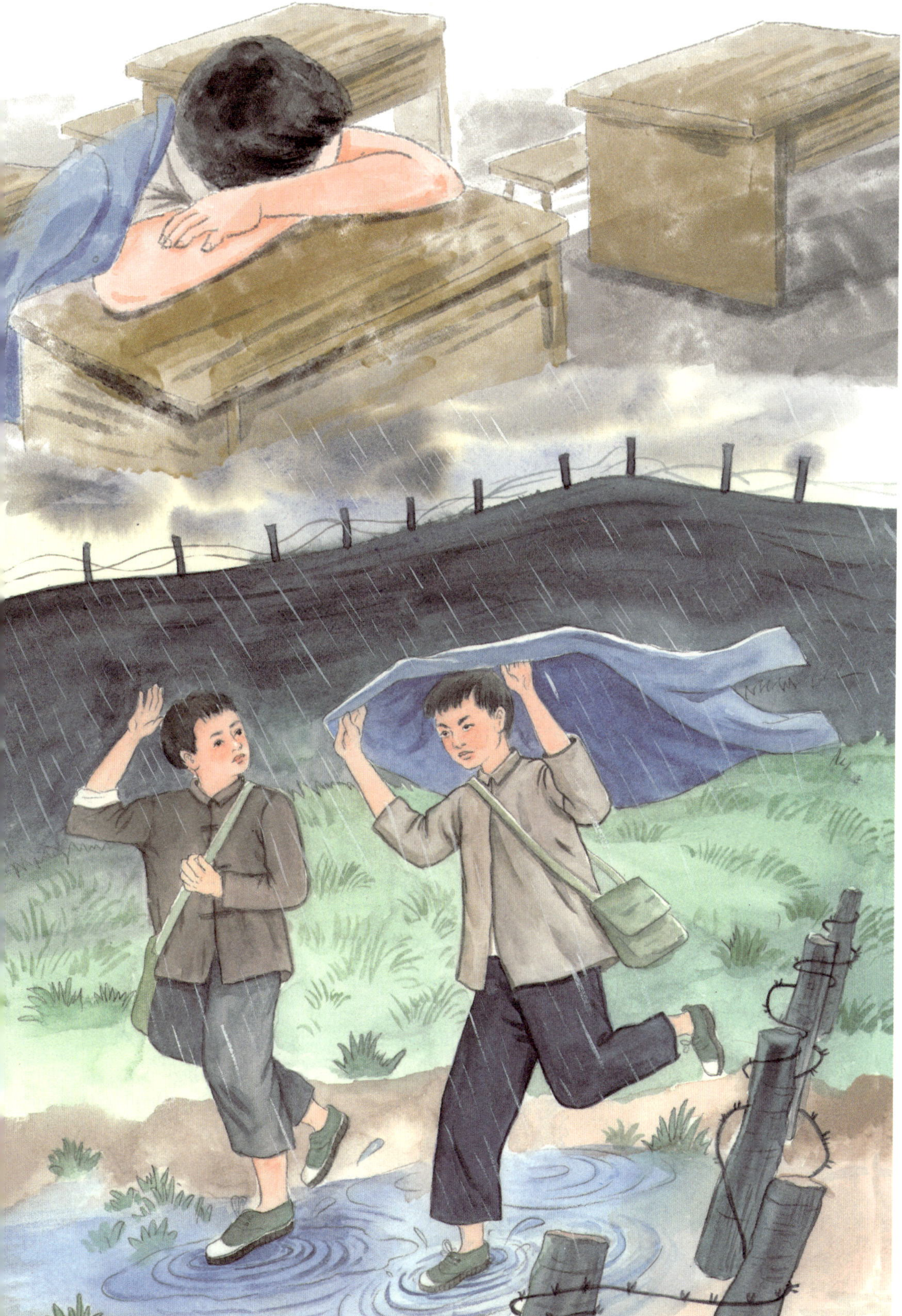

这一辈子就毁了。非得上学，非得上好了学，才能有出息。哪怕是交不起住宿费要睡教室里，买不起课本要自己抄课本，他也坚持要上学，要有出息!

继续学

姚桐斌15岁那年，七七事变爆发，中国陷入一片混乱。他也上不起学了，只好与几位同学结伴辗转去了江西。一路艰难，一路险阻，不知以怎样的勇气和毅力跨越千里征途，穿过日寇的封锁线，在两年之后到达吉安，考入国立十三中高中部。

姚桐斌非常珍惜求学的机会，何况这里还有助学贷款，不用再因学费和住宿费为难。姚桐斌每次考试都遥遥领先，毕业会考更是交出了非常漂亮的成绩——江西省第一名!

惜才爱才的校长资助他，让他去参加大学的入学考试。他还去铁路局当小工挣生活费，要不连吃饭钱都没有。

如此优秀的学生，当然是被大学青睐的，姚桐斌被湖南大学等7所大学录取，因为喜欢矿业，他选择了交通大学唐山工学院。大学期间他仍然一边挣生活费，一边刻苦勤奋地学习。4年之后，姚桐斌毕业了，也有了体面的工作。

日本对中国的欺压，他看在眼里，痛在心里。他觉得所学不够，他要学更多知识，用科技力量让祖国强大起来。

当有公费留学的机会时，姚桐斌成功考入英国伯明翰大学。

留学经历也是艰难的，还是因为钱。但他靠勤工俭学，扛过了留学生涯，以优异的成绩获得博士学位。终于苦尽甘来，学有所成的姚桐斌成为国际顶尖的材料学专家。

拼

姚桐斌本可以在国外过得很好，被学术界重视，还有先进的实验室和良好的科研条件。可是他记挂着百废待兴的祖国，那个多苦多难的母亲，需要他这个儿子。

姚桐斌的回国之路充满坎坷，但从小就倔强坚毅的他，没放弃过要回国的信念。姚桐斌冲破重重阻力，在1957年回到祖国的怀抱，他想用自己的所学为国尽力，助力中国火箭的研发。

当时中国的科研条件，像他小时候的学习条件一样，艰苦清贫。他接到的任务是研发火箭材料，分配给他的团队是12个大学生，设备是一台显微镜。研制火箭的关键材料也没有，科研项目难以为继，姚桐斌像上学时一样，想尽办法，绝不畏难。

他带领团队研发出发汗材料，解决了火箭零部件被烧坏的问题，提升了火箭射程，还获得了国家发明二等奖。

当时苏联撕毁协议，撤走技术人员，苏联专家走时还嘲笑他"胡子白了都造不出火箭新型材料"，姚桐斌不但造出来了，还更先进。

他带着学生，从头做起，一切都是零，要先写上个"1"。这个"1"写得有多难，只有姚桐斌自己知道。可他从来没有怨言，就那样默默地夜以继日地待在实验室。只有做出来，才能证明。

一系列"不可能的产品"被研发出来，一个个"无法解决的问题"被他解决，填补了导弹与航天工业的工艺、材料等方面的空白。

姚桐斌在冶金学、航天材料研究、火箭材料及工艺技术方面，为中国航天事业做出了卓越的贡献。他也因此被誉为"中国航天材料及工艺的奠基者"。

拼不动了

再难的时候，姚桐斌也没放弃，坚守着自己回国的初衷，从没更改过。他觉得再苦也没有上学的时候苦，不断被研发出来的成果，也抚慰着他劳累的身心。

回国时，他曾说："我回国不是为了名利，而是为了把学到的知识贡献给国家。因此，我愿意在基层做一些事情，愿意同大家一起，为我国火箭上天贡献力量。"

他，做到了。

他还说过："我是中国人，当年出国就是为了现在回国。现在中国还比较落后，但将来中国会强盛起来！"

中国，做到了。

姚桐斌为了祖国的航天事业倾尽心血，他的很多研究成果转化为民用商品，创造了巨大的经济效益。

但他壮志未酬，去世时年仅46岁。

31年后，姚桐斌被追授"两弹一星"功勋奖章。

徐一戎：种出了好大米

水稻在那里
等了他好多年
也因他的辛勤耕耘
增量丰产

万亩稻花香
一腔助农心
春天里种下希望

你看啊，稻农笑得多灿烂

寒地水稻香香甜甜
他这一生兢兢业业
以前
我们不知道他
现在我们记住了他

最美的心愿是研究水稻

1924年，徐一戎出生于辽宁北镇的一个大家族。家族非常重视教育，徐一戎从小就读书。

他非常勤奋，每天都最早到教室，温书、做题，总有学不完的东西。对于他，再难的题也是乐趣，读书能使他感到快乐。

但有一件事他却解不开，无论他怎么努力，都是第二名。明明没有比他读书更好的学生了啊，为什么每次考试，第一名都是别人呢？

很长时间之后，他才明白，东北沦陷后，日本人监管的学校是绝不会让中国学生成为第一名的，无论中国学生的成绩怎样遥遥领先，也得屈居第二。

他并不计较名次，可他却从中感受到了深深的悲痛，我们在自己的国家被日本侵略者欺侮。日本人连大米都不让中国人吃，中国人贩卖或食用大米就是"经济犯"。徐一戎就曾在火车上见到中国人被以"经济犯"的罪名抓走。

中国的土地种出的大米，中国人却不能吃，徐一戎非常悲愤。他决心研究水稻，在赶走日寇后，让中国人都能吃上好吃的大米！

先后在奉天农业大学农学系和东北大学农艺学系毕业的徐一戎，在工作几年后，来到了北大荒莲江口农业实验场，从此与水稻不离不弃。

徐一戎做的第一件事，是一边研读水稻栽培的资料和文献，一边打探哪里有好的稻种，然后赶去采集。他奔波万里路，为寒地水稻开发第一代品种储备了亲本。

然后就开始试种。

那片试验田，成了徐一戎的"宝地"，他每天早晨起来的第一件事，就是去看水稻的长势。他天天泡在地里照管呀，观察呀，比较呀，记录呀。

可是，到了收获的时候，亩产最少的地块只有37公斤。徐一戎很失望，但并不气馁。今年是不行了，明年接着干！

第二年，他又筛选出一些稻种，满怀希望地种下去，认认真真地忙了大半年，收获时仍是失望。虽然最高的产量到了亩产242公斤，但那也不如种麦子呀。

为什么产量这么低？这个问题弄不明白，他愁眉难展。

农业研究不光累和脏，也特别烦琐，要记录要归类资料，要播种要管理，要调查要分析数据……哪一样也少不了，哪一样都得细心去做。

就说分析数据吧,开始时他拿纸和笔算,有时借助一下算盘。可数据越来越多,他只好去科研所借手摇计算机帮忙。

这样忙忙碌碌辛苦了5年,人们不知道徐一戎到底付出了多少心血,只看到他的"寒地直播水稻早熟高产栽培技术"获得了成功,并且在各大农场推广开来。更加令人喜悦的是,"合江19号"亩产达到千斤,真是太振奋人心了。

终生不退休的研究员

徐一戎除了科研攻关,就是推广栽培技术,普及增产方法。退休了他也没休息,仍来往于他倾注了毕生精力的稻田之间。他相伴水稻几十年,每天要走很多很多的路,曾有人统计过他在各地稻田走过的路,大约8万多公里。

水稻本来是喜水喜温的作物,特别怕冷害,在东北地区进行水稻高产攻关绝非易事。徐一戎这么多年只做这一件事,使水稻从育苗开始,每个环节都有明确标准,让种水稻变得有章可循。

徐一戎和像他一样默默奉献的科技工作者与勤劳的农民一起,把北大荒变成了北大仓。他的寒地水稻栽培技术,让那片冰土层成了水稻的家,也让好吃的大米走出东北,走向全国人民的餐桌。

这些,都是经历了一次次的艰难攻关而成的。1981年初秋,提前到来的寒霜冷害,给刚刚推广开的寒地直播水稻造成致命打击。当年的亩产量不足300斤,引发水稻种植面积骤减。大家劝徐一戎放弃,说北大荒跟水稻没缘分。

徐一戎却默默思索着解决办法,经过一番认真验证,开始了

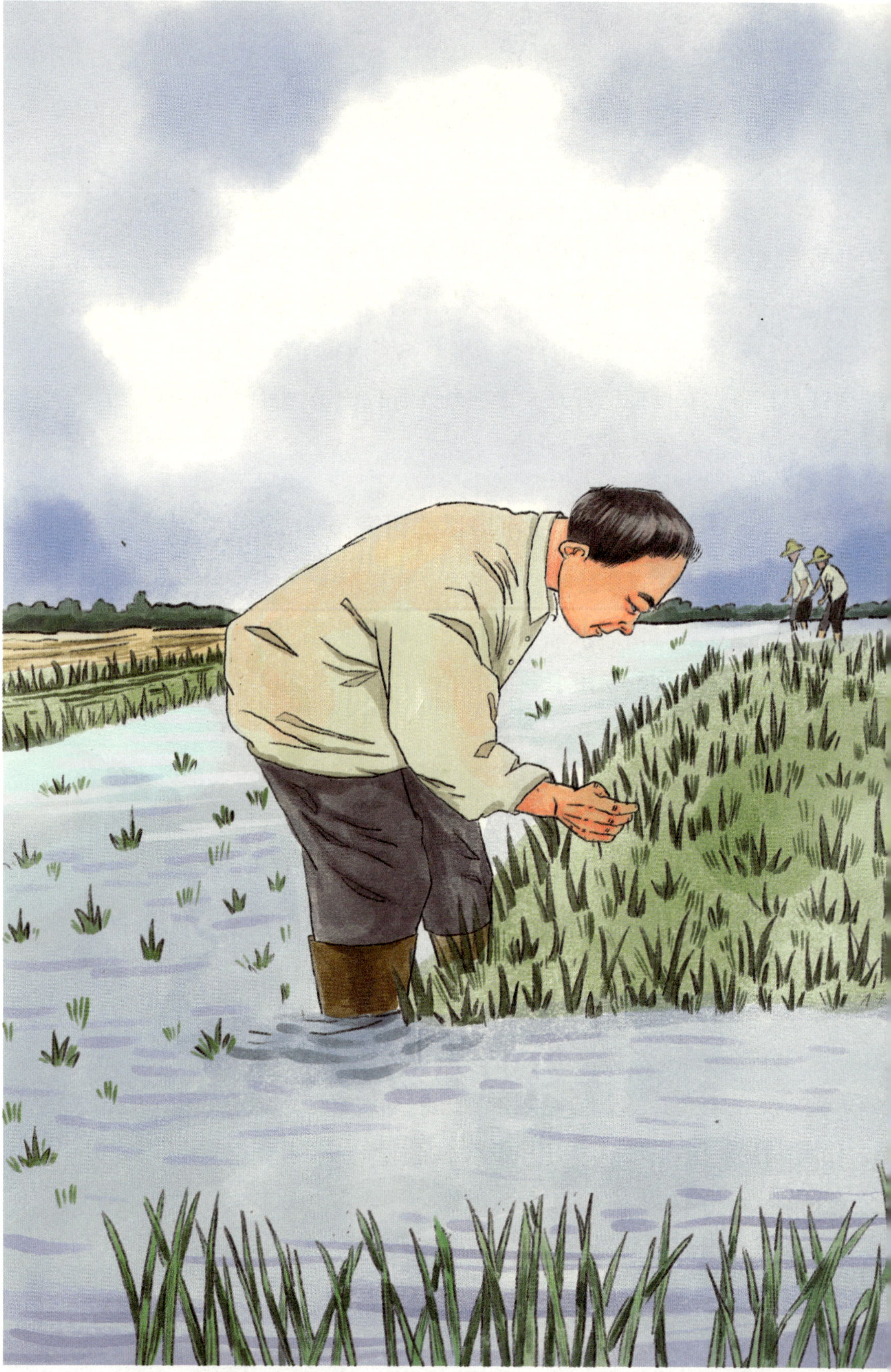

"寒地水稻计划栽培防御冷害技术"的课题研究。

1991年和1992年，建三江垦区发生特大洪涝灾害，损失巨大。种下粮食收不了，一场洪水全冲跑，怎么办呢？建三江人遍寻出路，最后决定放弃种惯了的麦子和豆子，改种水稻。

种植水稻是个陌生的事，他们想起了"寒地水稻之父"徐一戎，又看到了希望的光芒，请他来指导垦区种水稻。

春天是希望的季节，新生的力量总是准时萌动，建三江的春天也到来了。建三江垦区地处我国北方边陲，位于黑龙江、松花江、乌苏里江汇流的平原腹地，水是不缺的，但气温低，无霜期短。徐一戎在垦区四下奔走，耐心指导，"旱育稀植水稻栽培计划"顺利实施，种植面积占了垦区耕地面积的80%。

秋风吹起了稻花香，他们种下的水稻，大丰收！

水稻田里的丰碑

徐一戎生活俭朴，一件衣服穿很多年，皮包的拉链坏了也舍不得扔。可他却在2008年把所有积蓄和奖金，捐给了黑龙江省农垦科学院，设立"黑龙江垦区一戎水稻科技奖励基金会"，以奖励水稻科研人才。当时他还特意等了几个月的工资，凑足了100万元。

捐赠时，他也没什么豪言壮语，就说了句："只要能给水稻使上点儿力，哪怕少让水稻结个瘪粒，这钱就值。"

一年年，太阳看着他忙碌，月亮催着他休息。徐一戎总觉得时间不够用，总说有许多事情要做。一直到生命的最后时刻，他惦记的仍然是水稻。

年事已高时，徐一戎不顾家人和学生的反对，仍奔走于稻田之间。他不能离了水稻啊，水稻也离不了他。

　　善良且细心的徐一戎，随身带着一张字条，上面写着"我是自愿来的"。他知道大家担心他的身体，所以自己写下了"免责声明"。

　　80多岁的徐一戎，还顶着盛夏的高温，在农场里收集高温天气对寒地水稻苗情影响的数据，一忙就是一整天。他累吗？身边的人觉得他累，他却总说不累。

　　牡丹江856农场的水稻文化园里，徐一戎的雕像立在万亩稻花香里，风会给他送来水稻的消息，天空会替他看着水稻的长势。

　　长出好吃的大米的黑土地上，有这样一种说法："100个吃米饭的人里，可能有99个不知道徐一戎，但100个种水稻的人里，肯定有99个认识徐一戎。"

　　现在，我们知道了他。

　　并且，会记住他。

吴明珠：给生活加点儿甜

城市的车水马龙里
住不下她的梦想
坚硬的钢筋水泥
长不出她要的瓜
她把自己的生命
浇灌成瓜络

开辟新领域
从大漠到南国

她在海南和新疆之间
拉出一条长长的瓜藤
结满甜甜的瓜

她流过的汗
她尽过的力
她吃过的苦
换来了我们吃的甜

她有一个很小又很大的梦想

夏天最好的伙伴是谁呀？当然是绿皮红瓤的大西瓜啦！

可是以前的西瓜不是这样又大又甜。那时候的西瓜，不好吃，人们也不愿种。

现在这好吃的西瓜是怎么来的呢？是因为她——在大西北待了几十年的吴明珠。

吴明珠，1930年生于湖北武汉一个书香门第之家，是长辈们的"掌上明珠"。

小时候的吴明珠聪明活泼，唱歌好听，能背诵很多古诗，在学校也很受欢迎。

知识分子家庭出身的吴明珠对农林园艺有着浓厚的兴趣，她从小就对植物充满好奇，想了解这些东西是怎么长出来的，为什么结这样的果实。

1949年，吴明珠如愿考入西南农学院，果呀菜呀花草呀，都是她平日里喜欢摆弄的东西。吴明珠可太高兴了，天天在学校的试验田里忙碌，从种到收，每一个步骤都认真去做，不怕脏累，更不嫌烦琐。这个从小被长辈捧在手心的女孩子，一点一点地从头学着干，事事都不落在人后。

吴明珠早就想好了，毕业后去建设祖国的边疆，但她的父母坚决不同意。学校把她分配到西南农林局，后来她又被调到了中共中央农村工作部。但她总是想着怎么才能去新疆。可调动工作哪有那么容易，这件事只好搁置着。

1955年，突然有了转机。国家建设大西北，新疆对各类人才发出了迫切的邀请。吴明珠一次次地去说服父母，又去找领导，极力要求去新疆。领导经不住这个姑娘诚恳的请求，便答应了她。

她有一个很小又很大的愿望

25岁的女孩子，在最美好的年华，从繁华的都市来到荒凉的边疆，很多人佩服她，但也有更多人不理解她。

吴明珠却从没后悔过，一待就是几十年。她选择了条件最差的吐鲁番鄯善县，那里的瓜果让她心花怒放，这里就是她的天堂啊！

新疆的独特地域和气候条件，使得甜甜的哈密瓜在新疆有上千年的种植历史。可是很多人只在书上见过，在广播里听过，却没有吃过。

如果让它走向全国，让中国人都吃上哈密瓜，该多好啊！

吴明珠天天和瓜农们在一起，请教瓜的品种，交流种瓜技术。生活不习惯，饮食不对口，她都克服了，都适应了。这个娇柔的女孩子用行动打消了人们当初认为她待不久的质疑。人们开始喜欢她、敬服她，叫她"阿依木汗"，像月亮一样美丽的女孩。此时的她，早已能用一口流利的当地话和人们交流了。

新疆的甜瓜品种多样，但不成系统，有的因为种得随意而退化，有的甚至几近绝迹。怎么保住这些现存的品种，是吴明珠的当务之急。她决心要为新疆的甜瓜建立一个资源库。

首先从收集瓜种开始。农户们种的甜瓜，在她心里宛如流落民间的公主。靠着双腿和毛驴代步，吴明珠和同事走遍了300多个生产支队，把当地的瓜类都整理在案，更是发现了一些濒临灭绝的品种。

有一次，她听说有一种瓜特别甜，告诉了家人一声就带着水和馕走了，走了两三天，才到了长着特别甜的那种瓜的地方。

这一路走得心惊胆战，因为会有狼出没啊！而且狼大多是成群结队地行动，人可打不过。为了躲避狼群，吴明珠和同事晚上就停下，找废弃的窑洞躲进去，等白天狼都归洞了再赶路。

虽然又辛苦又危险，可好瓜的消息就是冲锋号，听到就出发。不管路多么远，也不管天气多么热，风沙多么大。

白天找瓜、育种、照料瓜田，晚上整理资料。几百万字，就这样汇集成了那些甜瓜的前世今生。

培育出种子了，推广时却遇到了难处。人们不愿意种，老一辈种了多少年的瓜了，什么样都有底儿。她这瓜，行不行啊？种一季瓜不容易，谁也不敢冒险，怕自己的辛劳打了水漂。

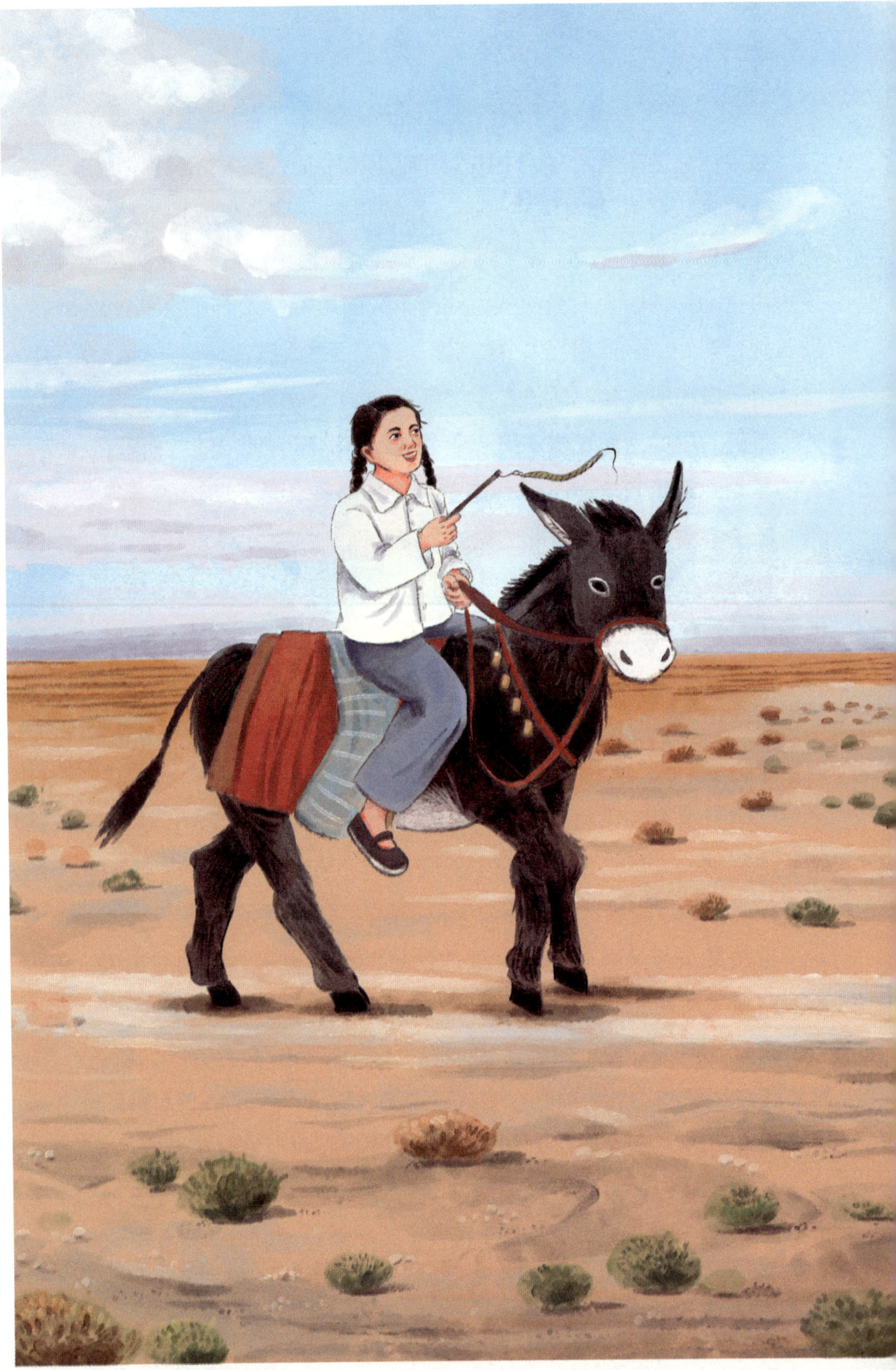

吴明珠就自己种，给人们打个样。她在瓜地里忙忙碌碌，细心打理瓜苗，给瓜授粉，一天天地照料着甜瓜长大。

人们常来看稀奇，从一开始的不相信，到越来越佩服，这个姑娘料理瓜的手艺竟然比经验丰富的老瓜农还厉害。甜瓜成熟时，人们被那些甜瓜又大又齐整的外观和又香又甜的口感折服了，争着种她培育出来的瓜种。

终于迈出了艰难的第一步，给那些优良的种子找到了开枝散叶的机会。从此，优质瓜种的种植面积越来越广泛。

所谓"一人致富不算富，众人一起才是富"。种瓜种出了无数富裕村，瓜农开心了，吴明珠也笑了。

她有一颗很小又很大的心

为了改善"红心脆"外表不好看的缺陷，吴明珠想了很多办法，经过10年的探索，她终于培育出了又好吃又好看的"含笑"。她还不满足，在此基础上进行了多次试验，又是将近10年，"皇后"问世了！

"皇后"系列的哈密瓜是吴明珠培育出的最成功的甜瓜，不但是新疆甜瓜的拳头产品，还种到了四面八方。

吴明珠先种甜瓜，之后又种西瓜。其中的佼佼者，就是"早佳8424"，这个名字是84年、24组的意思，是她在1984年培育的第24组种苗中发现的。

那些甜瓜和西瓜"子又生孙，孙又生子"，遍布全国，给人们带来甜蜜。

"红心脆""郁金香""小青皮""麒麟瓜"……20世纪90年代，

吴明珠培育的优质瓜种已在新疆80%的地区种植，西瓜更是遍及大半个中国。

为了专心育种，她辞去了公职，为了不耽误给瓜授粉，她放弃了职业评级，她一直在瓜田里，在育种实验室里。60多年来，她培育出30多个优良品种，中国大多数的甜瓜、西瓜品种都是她培育出来的，实现了"让中国人尽情吃瓜"的心愿。

瓜在吴明珠心里刻下了深深的印记。阿尔茨海默病会让人丧失记忆，最后连亲人都忘记，可患有此病且病情越来越严重的吴明珠却没忘记做了一辈子的育种工作。后来，她出了门连回家的路都找不着，但看到瓜，她的眼睛就会亮起来。

她的心很小，只能装得下瓜，她的心很大，能装下全国人民吃的瓜。她的深爱，她的心血，瓜都知道，纷纷捧上最甜的果实，给吴明珠最好的回报。这正应了吴明珠曾在日记里写的："人生最美好的事情，就是你创造出来的一切都能为人民服务。"

李振声：麦子为他歌唱

他让野草亲近麦子
他把科技种进泥土里
汗水浇灌出
遍地黄金

为苍生饱腹
他付出心血和智慧
年迈的他

仍把精力投入瘠田
让盐碱地变成沃土

农民增收
是他最大的幸福

麦浪，青苗
那些他培育出的种子啊
伴他一生

徘徊在招生广告前的身影

1931年，李振声出生于山东临淄的一个农家院子里。小时候的灾荒年，让他深深记住了饥饿的滋味。

大旱之后的华北平原上，庄稼颗粒无收，家家囤里没粮，饿急了的老百姓吃了树叶吃树皮，野菜都成了难得的好东西。

为了填饱肚子，李振声一家人也想尽了办法。但这样的苦难下，家里还是坚持让他念书。父亲去世后，母亲终年操劳，家境每况愈下，哥哥辍学，挣钱供他读书。

但实在太穷了，太难了，李振声对母亲说："我不上学了，回来帮家里干活儿吧。"正在忙碌的母亲抬起头，向来温和的脸突然严厉起来："不行，你必须上学，家里的事儿不用你管，安心念书吧！"

李振声知道，母亲决定了的事是无法改变的。他转身偷偷抹一把眼泪，又回到了校园。

17岁时，李振声觉得自己是大人了，得帮母亲撑起这个家。他一个人跑去济南，想找一份工作谋生。济南太大了，工作在哪里呢？李振声茫然地在街上走着，心情越来越沉重。

经过山东农学院时，他突然看到门口的招生广告，上面写着"上大学，食宿免费"。上大学还给管饭！多么两全其美的事情！李振声的眼泪都要流下来了，虽然这次来济南是为了找工作挣钱，可他毕竟还深爱着学习，能继续在校园深造，他又怎愿离开？于是，他走进了山东农学院的报考处。

这一次与招生广告的巧遇，使李振声以优异的成绩成了村里的第一个大学生。那一天，他家的院子里难得地传出了笑声。能继续学业，是母亲的心愿，更是他的追求。

李振声的理想，离他更近了。报到的第一天，他就对自己说："我毕业后要种出更多更好的粮食，让老百姓有吃不完的粮食！"

整天在麦田里忙碌的身影

2012年，李振声在山东农业大学新生开学典礼上作为该校首届"杰出校友奖"的获得者深情致辞。他回忆了自己上学时的情景，那时吃的是窝窝头，但是能吃饱了，有力量投入紧张的学习中。同学们互帮互学，齐头并进，学习氛围非常好。老师讲课也认真，他印象深刻的余松烈老师对测验打分非常严格，但他有一次得了高分，那份高兴劲儿让他记了几十年。

大学里的两个场景，打开了他后来从事小麦远缘杂交的希望之窗。

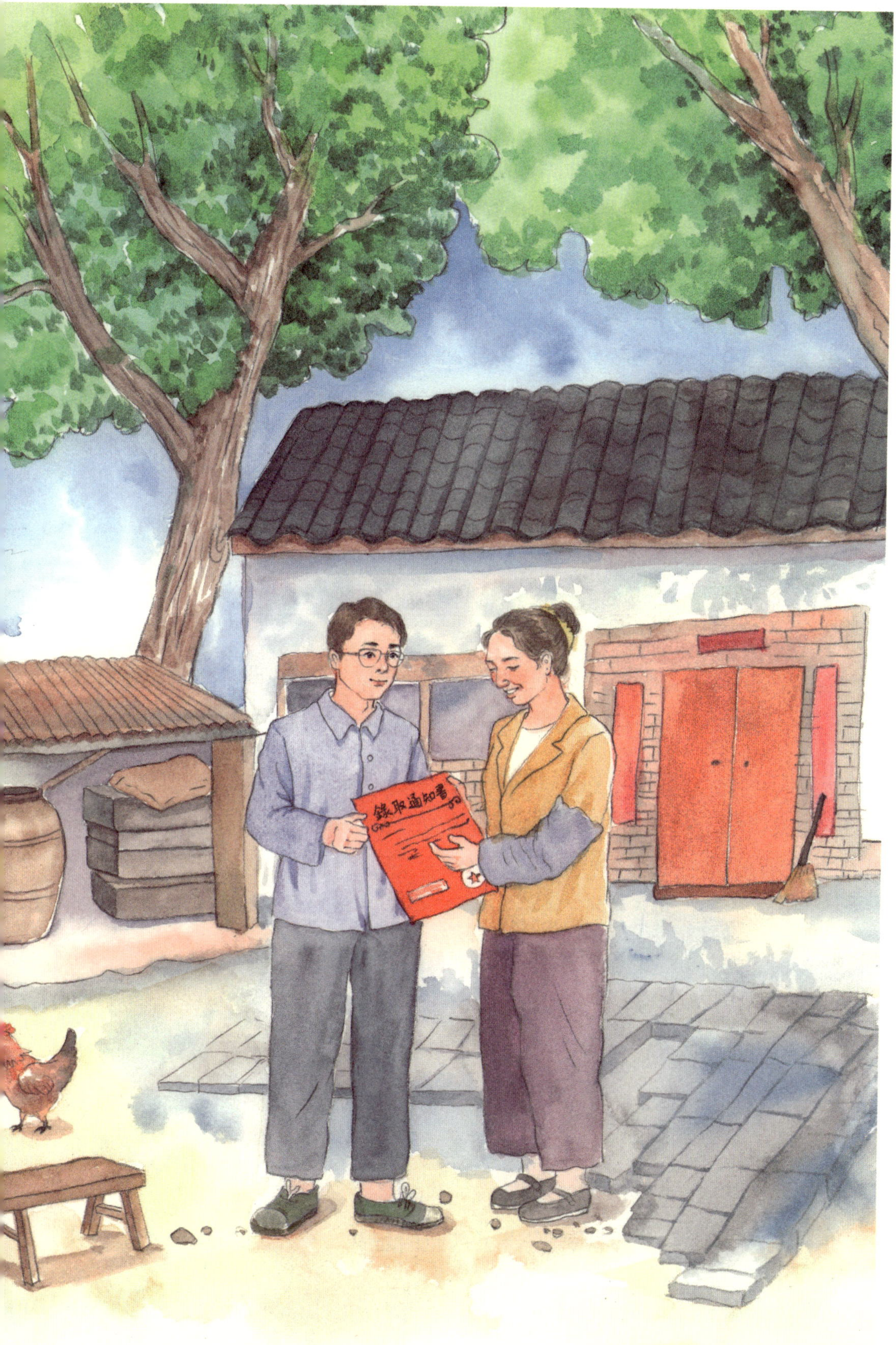
錄取通知書

一次是沈寿铨老师的课后实习，李振声在农场看到鹅冠草，突发奇想，把它与沈老师讲的小麦进化史联系了起来。他采集鹅冠草的花粉涂在小麦的雌蕊上，做了不少次试验，都失败了，但也算是一种发现和探索。

还有一次，是郑光华老师教嫁接，李振声在课后把番茄与土豆的嫁接苗栽在宿舍门前的地上。他每天都认真照料那些小苗，希望像童话中那样，能看到秧苗上面挂满红红的番茄，下面长出胖胖的土豆，但也没有如愿。

那时种下的希望之光，会在以后突然闪亮。

1956年，25岁的李振声来到陕西杨陵。此时西北大地上的小麦，正深受条锈病之害。

看着生病的麦子，李振声的心揪得紧紧的。他怕极了灾荒，儿时挨饿的情景在他心里留下的印象太深刻了。这个农家的孩子深爱着土地，也深爱着庄稼，他要为小麦开方治病。

李振声泡在麦田里，观察麦苗、分析病因、整理资料、下论断……可一个个想法都被他否认了。到底该怎么办呢？事情陷入了困局。

就在他焦头烂额的时候，麦田边旺盛的牧草映入了他的眼帘。这些牧草怎么没有染病呢？

李振声想起老师讲过的小麦进化史，曾经将鹅冠草与小麦杂交的往事又涌上心头，他脑中灵光一闪，对，就这么办！他选取了12种牧草，这其中有没有能与小麦杂交成功的，他也不敢肯定。可有了想法，就要去实践啊！

在讨论中，李振声提出了自己的想法，一个可以从根本上解决条锈病危害的办法——让小麦与牧草杂交，这样小麦不就可以吸收到牧草的抗病基因了吗？

可这个想法过于大胆，有人说他异想天开，有人劝他别瞎耽搁工夫。李振声身上有着山东人的倔强，他不争辩，当然也不放弃。

每当夜深人静，实验室里总有个年轻的小伙子忙碌着用人造光源催熟偃麦草。偃麦草好像感受到了他的辛劳，乖乖地提前了花期。

这只是万里长征的第一步，直到20年后，"小偃6号"才育种成功。

李振声一直重复着、修正着这个试验。20年的时间，无数次的失败，也没让他丧失信心。试验中的每次新发现，都鼓舞着他在远缘杂交这个方向继续探索下去。

他终于实现了自己上大学时的宏愿——种出更多更好的粮食。"要吃面，种小偃"这朴素的顺口溜，是老百姓对他的信任与赞誉。

抗病能力强的"小偃6号"产量高，蒸出来的馒头又香甜，还有嚼劲儿。老百姓认可，国家也大力推广，到20世纪80年代末，黄河流域已大面积种植"小偃6号"。

国家科学技术奖励大会上的身影

取得巨大成功的李振声，并没有停止新的探索。他觉得动辄用20年去育种，时间太长了，有没有更便捷的方法呢？他又开始了新的学习，比如染色体研究。

在掌握了染色体工程技术后，李振声将偃麦草中的蓝粒基因用到小麦杂交技术中。但这也是一个不太短暂的过程，到了1984年，蓝粒单体小麦才试验成功，得到国内外专家的好评。

李振声根据当时的情况，同农业专家经过调查，提出了黄淮海低产田治理方案，在这个方案的推动下，黄淮海地区6年增长了500多亿斤粮食。

退居二线的李振声，也没有离开深爱的小麦育种工作。他建立育种基地，继续整日与小麦相伴，开创了新的育种方向，发现了新的小麦种质资源……

1994年，有个叫布朗的美国人写了一篇《谁来养活中国》，引起了很多国家的关注。2005年的博鳌论坛上，李振声的发言对此做出了铿锵有力的回应。

他用自己十几年来汇集的数据，推翻了布朗的三个论断，用翔实的数据实事求是地告诉世界：中国人能养活自己！凭着中国正确的政策和科技、经济的发展，现在能，将来也能！

2007年的国家科学技术奖励大会上，李振声站在了领奖台，他获得了国家科学技术最高奖。这个奖项，他当之无愧。可是谁又知道，他曾经郑重申请过退出评选。他说："表不表扬，我都会认真工作。"获奖之后，李振声把自己个人的50万元奖金全部捐出，帮助贫困学生完成学业。

2013年，李振声牵头实施了"渤海粮仓科技示范工程"，改良中低产田，把大片的盐碱地变成了丰收的沃土。

这位已经90多岁的老人，仍然在麦田里继续奉献着。他不愿因接受采访而耽搁时间，也婉拒各种活动。

或许也因此，李振声的名字未被人熟知。可是不显功，不代表无功；不扬名，也并非未留名。他对中国农业发展的贡献，国家记得，老百姓也记得。

蒋新松：他与大海同在

像青松坚韧高洁
却也像大鱼向往着海洋
水下机器人代替他
去往神秘的海底世界

他亲手把机器人来研制
水下世界神秘莫测
科学的世界同样魅力无限

几十年
他为那片深海
填补我国的科研空白

科学总是如此美妙
进取从来都和幸福相伴
他，与大海同在

像星星闪着火焰

我们自古以来就向往广袤的太空，月亮上住着美丽的嫦娥，金乌驾驶着太阳神车，牛郎织女年年于鹊桥相会……这些从小听到大的神话传说里，寄托着一代又一代人对太空神秘的猜想。

我们终于把载人航天飞船送上了太空，也建立了空间站，让"住在太空"不再是幻想。

可是，那浩瀚的海洋呢？那片蔚蓝的色彩，也被古人赋予了各种象征。从精卫填海，到哪吒闹海，到沧海桑田，再到《逍遥游》的开篇，那个有着"鲲"的神秘北冥……

海底的世界到底是什么样子的？你好奇，我也好奇，有个人，他也好奇。

蒋新松，1931年出生于江苏江阴。名字是母亲为他取的，来自杜甫的诗句"新松恨不高千尺，恶竹应须斩万竿"。母亲希望他有青松的俊秀挺拔，也有青松的高洁坚韧，能成为对国家有用的栋梁之材。

母亲经常给蒋新松讲一些关于做人做事的故事，是他前行途中的明灯，指引着他往前。母亲教给他的持之以恒、认真严谨，为他以后能做出卓越贡献奠定了基础。

从上学那天起，蒋新松就非常珍惜读书的机会，是班里最勤奋刻苦的孩子。因为学得快，学得好，蒋新松"跳跃着上学"，刚满10岁就小学毕业了。

他去照相馆拍了照片，除了毕业证要贴的一张小照片外，他还放大了一张，一笔一画地在照片的背面写下"一个伟人的成长"几个字。

果然有志不在年高，青云之志已经在那个10岁的孩子心里展现。

读中学时，蒋新松开始认真思索人生的意义和价值。母亲给他讲过的那些故事在他心中闪现，加上班主任老师的引导，他有了清晰的方向：要成为科学家，要当发明家。

可还没等到成为科学家，蒋新松就面临辍学。因为家里困难，父亲让他去做工挣钱，母亲极力反对也没能阻挡得住，父亲坚持把他送到了纱厂当学徒。蒋新松内心有说不出的愤懑和无奈，他整日闷头干活，直到纱厂倒闭，才在亲友的支持下重返校园。

1951年，蒋新松考上了心仪的交通大学电机系，成为我国第一批自动化专业的大学生。

努力去为祖国建设

1956年，蒋新松毕业分配时，如愿被分配到中国科学院。1965年，他被调到中国科学院沈阳自动化研究所的前身——东北工业自动化工所，参与鞍钢冷轧机自动化改造这个项目。

蒋新松带领工人和技术人员通力协作，攻克种种难题，成功研制出鞍钢1200毫米可逆冷轧机数字式准确停车装置、复合张力系统和自适应厚度调节装置，这三大项目于1978年获得中国科学院重大科技成果奖和全国科学大会成果奖。

那段时间，他每天早晨不到5点就起床看书、设计或修改图纸，上了班就安装、实验、跟队友交流讨论，晚上查阅资料。这样的日子他过了10年，才完成了鞍钢冷轧技术改造这一攻坚项目。

1977年，中国科学院自然科学规划大会在北京召开。在这之前，蒋新松就通过各种前沿科技资料，关注着世界各国人工智能研究与机器人开发的进展。作为起草自动化学科发展规划的主要执笔者，他把机器人和人工智能列入"中科院1978—1985年自然科学发展规划"之中。

中国的机器人研制事业，自此正式进入发展轨道。

把未来亲手创造

1980年，蒋新松被任命为沈阳自动化研究所所长，在这个平台上，他要充分施展他的才华和抱负了。

在中国科学院海洋机器人课题的调研中，很多部门都希望科学家尽快研发水下测量及作业机器人。水面上波光粼粼，碧水映着蓝

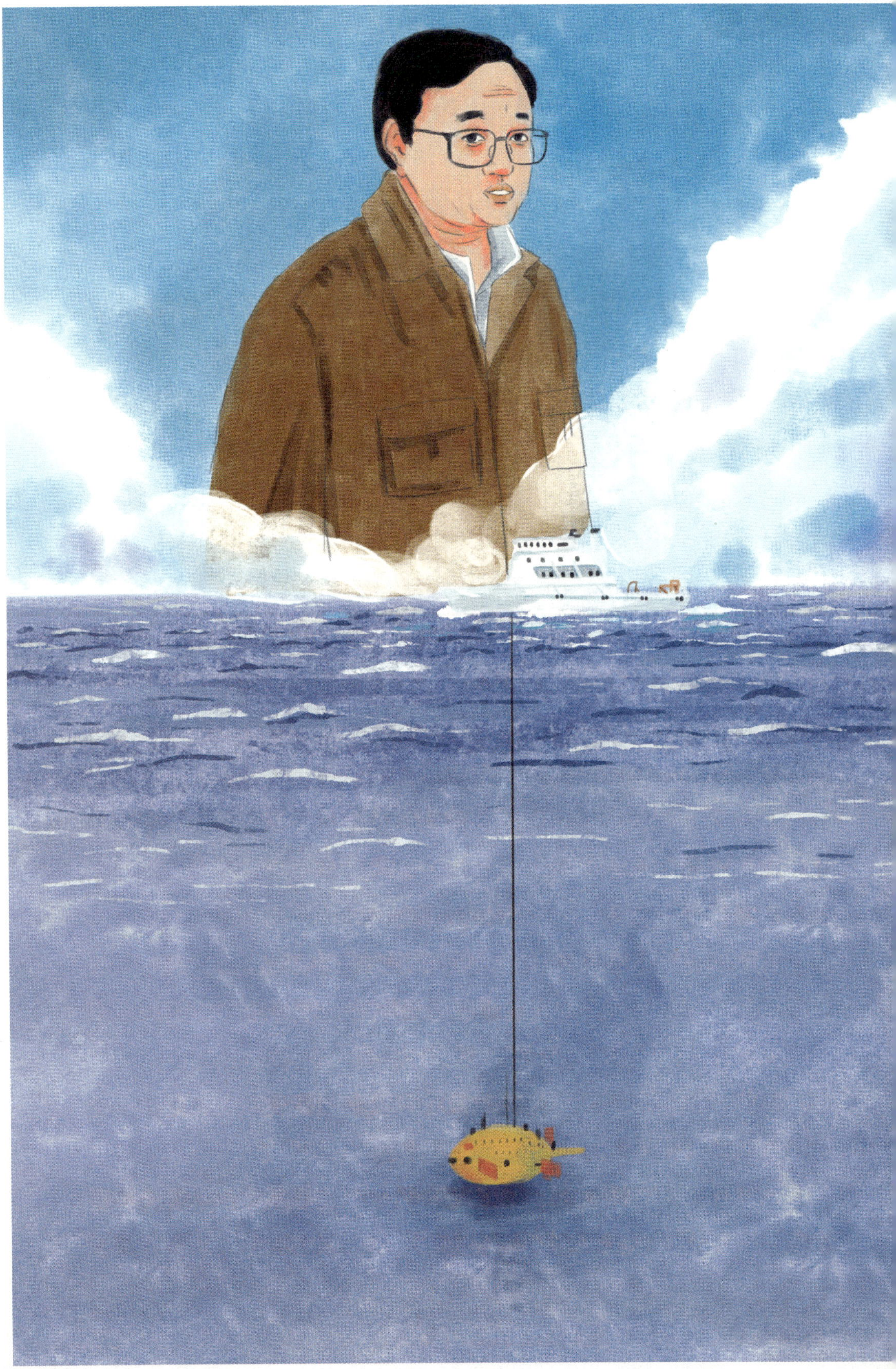

天，但下潜50米就进入了黑暗的世界。水下工作难以开展，潜水员下潜的深度也极其有限，潜水所需的费用更是高昂，如果有机器人替代，水下工作的很多困难就迎刃而解了。

蒋新松根据我国的实际情况，提出了把特殊环境下工作的机器人作为技术发展的突破口，并把智能机器人在海洋中的应用作为重点课题，具体目标就是研制"海人一号"水下机器人。

1985年，蒋新松担任设计师设计的我国第一台水下机器人"海人一号"在大连旅顺港首次试航成功。一年后又在海南三亚创下了我国自行研制水下机器人深潜199米的纪录，实现了我国水下机器人零的突破，其功能和控制系统均达到了世界先进水平。

1987年，蒋新松被聘为高技术领域专家委员会自动化领域首席科学家。他又开始为人工智能与机器人、计算机集成制造系统这两大研究主题而殚精竭虑。

蒋新松牵头创建的国家机器人技术研究开发工程中心和中国科学院机器人学开放实验室，为我国机器人学研究及机器人技术工程化建立了基地。

1988年，我国近海石油勘探钻井首次成功使用国产机器人"瑞康四号"。1994年，我国第一台无缆水下机器人"探索者号"成功下潜到1000米。不久后，蒋新松率队全力促成中俄两国合作研发的6000米无缆自治水下机器人，使我国成为当时世界上掌握这一核心技术的少数几个国家之一。中国的水下机器人研制由梦想变为现实，在他的领导下只用了十几年。

"无穷的探索，无穷的烦恼，正是科学本身的魅力所在。"蒋新松从年少时就憧憬着科学的美妙，他把自己的一生都献给了祖国的科学事业。

1997年，在蒋新松去世的前几天，他还在连夜改写《我国制造业面临的内外形势及对策研究》，参加关于6000米水下机器人再度深潜试验会议，在东北大学参加"863"计划座谈会并做报告，赶写中国工程院约的《院士之路》稿件。忙到3月29日早晨准备去参加鞍钢的技改讨论会时，他终于撑不住了。

1997年5月，在太平洋的深海区，沈阳自动化研究所研制的水下机器人成功进行了深海海试。在这个载入世界机器人发展史的重要时刻，参加海试的科研人员神情庄重地站在甲板上，遵守老所长蒋新松的遗愿，把他的骨灰撒入了太平洋。

这位中国海洋机器人事业的开拓者，永远地在大海的怀抱中了。

彭一刚：最永恒的建筑

建筑是无言的诗　　　　一辈子写着建筑的诗
他用了最美的字眼　　　让自己永远
去写那些诗　　　　　　与那些建筑站在一起

每一个标点　　　　　　建筑无言
都恰到好处　　　　　　他亦沉默
每一个分行　　　　　　沉默地站成灯塔
都曼妙无比　　　　　　指引着建筑人继续向前

那个聪颖过人的孩子

如果真的有天才少年，那彭一刚算一个。

1932年，彭一刚出生于安徽合肥。很小的时候，父母抱他出去玩，他乌溜溜的眼睛看什么都非常用心的样子。那时长辈就说"这孩子以后肯定有出息"。

时间一天天过去，小小少年转眼长高。彭一刚上了小学，成绩好，爱看书，特别是有图画的书。

有一次，他在书上看到一门大炮，很是喜欢，但那时候可没有"手办"，彭一刚就自己动手，用马粪纸做出了和书上一模一样的大炮，让小伙伴们很是惊羡了一回。

1943年，11岁的彭一刚考入中学，动手能力更强了，竟然用铅铸造了一艘P40小飞机模型,这下子,连老师都赞叹不已了。

彭一刚随手临摹个画像就惟妙惟肖,绘制的地图也精准无比,他的艺术天分实在是让人佩服。

彭一刚对感兴趣的东西都要研究个透,绝不浅浅掠过。上高中时,他曾钻研过内燃机,买相关书籍,到图书馆查资料,到处找人请教,物理老师说他"对内燃机研究很深"。

1952年,彭一刚进入天津大学土木建筑工程系,科学与艺术结合,他实在是很开心。因为非常优秀,彭一刚被学校选出来参与天津大学八里台校区的建设,第九教学楼中央部分的屋顶就是他设计的。

那个严谨认真的老师

毕业后留校的彭一刚陆续发表了一系列学术论文,深受业界好评,成为一颗冉冉升起的新星。

他的第一本专著《建筑绘画基本知识》,后来增补内容重新出版为《建筑空间组合论》。1995年,彭一刚当选为中国科学院院士。

2021年,89岁的彭一刚为天津大学新校区太雷广场做的4幅景观设计初样图上了热搜,成了网友热议的话题。他深厚的功底,赢得了赞声一片。

这些都是他年少时打下的底子,也是他这么多年来一直不曾放弃、勤奋用功的例证。

彭一刚的手稿和照片没什么两样,细节之处非常逼真。他对自己不曾松懈过,也重视学生的基本功,要求他们事事认真。

彭一刚会亲自动手给学生改图,一点一点地指导他们。他像执有神笔的马良，改过的设计图立刻亮了起来，被他改过图的学生总是喜出望外，受益匪浅。

彭一刚坚持了一辈子手绘设计，他自己的设计项目，每一张图都同样认真。学生做的设计，他也会教导学生画好。他对建筑学、对建筑教育的热爱与赤诚，传递给了每一位学生。

他培养的学生，有创新思维，手绘图非常漂亮。这是优秀设计师的必备技能，也是彭一刚给学生的最珍贵的财富。

这么严格的老师，下了课却像自家亲人。每逢佳节师生相聚，饭菜飘香笑语满堂。那些回忆里，学生记得彭老师温暖的情意。

彭一刚被誉为天津大学"培养大师的大师"，他教过多少学生，难以胜数，他培养了多少优秀人才，也计算不出。仅他带过的研究生里，就出了2位院士、5位全国工程勘察设计大师。

2008年北京奥运会，中国建筑设计研究院奥运项目总指挥崔恺、国家体育场"鸟巢"的中方设计主持人李兴钢、国家游泳中心"水立方"中方总设计师赵小钧，都是他的学生。

彭一刚做了一辈子的建筑美学等方面的研究与实践，在古典美学构图原理、现代建筑空间组合规律，以及当代西方建筑审美变异等领域，都有很高的建树。他既融会贯通古今中外的哲学、美学思想，又紧密结合我国当前的建筑创作实践，取得了丰硕成果。

他出版了十几部学术专著，数次荣获国家级图书大奖。《建筑空间组合论》多次再版，是建筑专业学生的必读书，而且在国内外建筑界都有广泛的影响，把中国建筑之美传向世界。

那个亲切可爱的老人

彭一刚是学生们朋友圈的常客，他端坐于敬业湖边，在监工求是亭复建；他稳健地走着，像是要去给学生讲一个新的发现；他最喜欢细细地挨个儿看学生的设计图，好像在想怎样指导学生。

彭一刚喜欢各种模型，特别是飞机模型。几千个零件一个一个地拼起来，那认真劲儿，那兴奋劲儿，兴致勃勃得像个孩子。他家有两面摆满他亲手打磨、上色的仿真船舰模型的墙，有空时他会面带笑容地"巡视"一番，如拥有宝库的国王一样骄傲。

威海刘公岛上，那曾发生过悲惨壮烈的甲午战争的地方，有一座"甲午海战纪念馆"，是彭一刚主持设计的。天津大学建筑馆、天津水上公园熊猫馆等，也是他的作品。

彭一刚终身严谨，常勉励年轻人："一所大学要培养出新一代大师，不能在以往取得的成就和名气上止步不前，这所大学以后能发展成什么样子，取决于年轻一代能做出多大的贡献。"老师和学生被他的人格魅力所感染，也沿袭了他精益求精的精神。

每年初夏，校园里绿意盎然，生机勃勃，交设计大作业的时候也到了。教室外的墙壁上挂得满满当当，走廊里的桌凳也摆满设计模型。

这个时候，也是彭一刚心情最舒畅的季节，他总是慢慢地走过这些图纸和模型，仔细地品评。看到好的设计图，他从不吝惜赞扬，甚至还会细心看一下学生的名字，默默记在心里。这位慈祥的老人，让学生安心，也让学生有更明确的方向。

他去世后，网友们发帖怀念："从开始接触建筑，我们就学习过

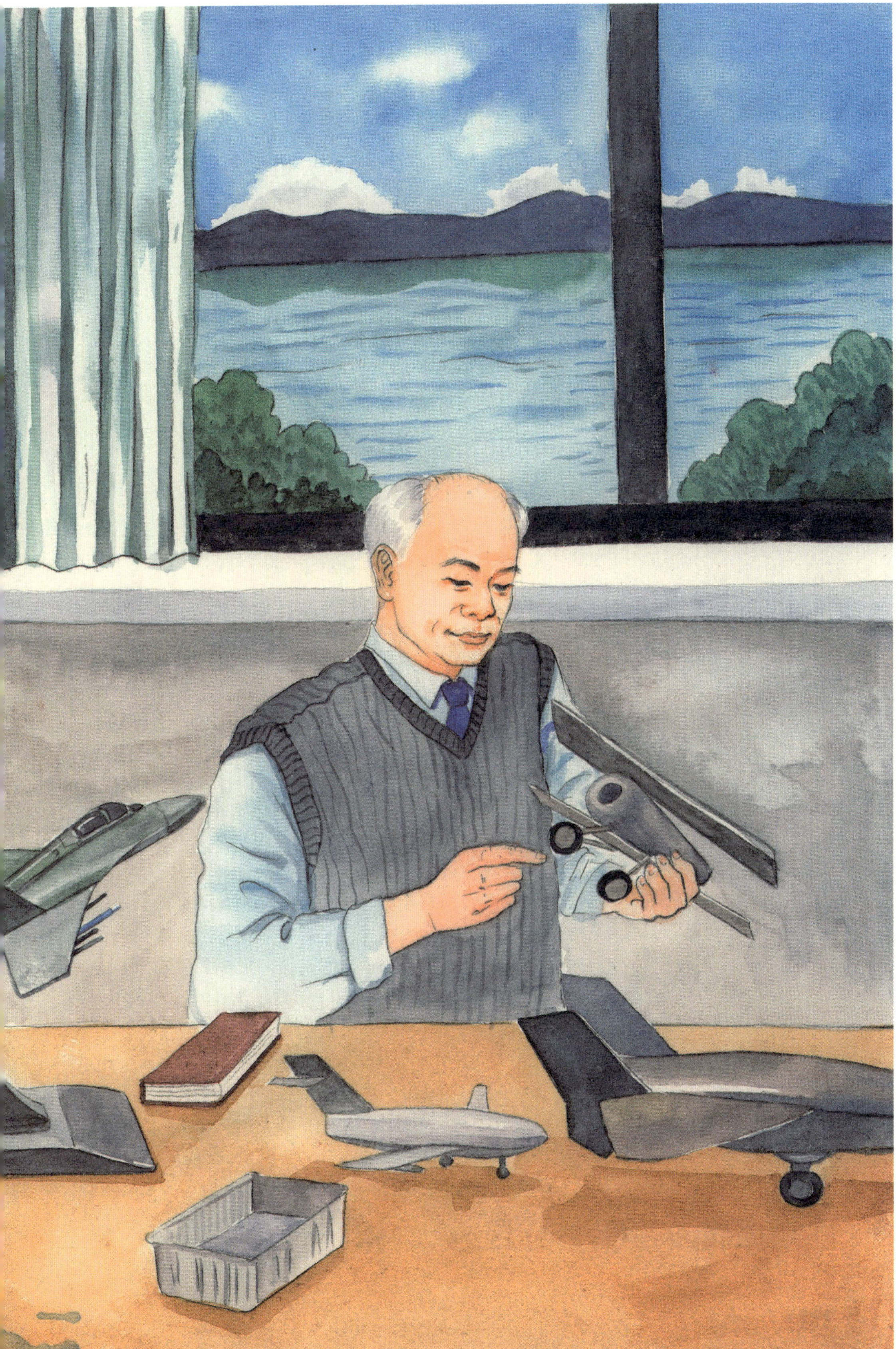

他的著作《建筑空间组合论》《中国古典园林分析》等""《建筑空间组合论》是我的建筑启蒙，伴随一生的存在""先生可谓是每位建筑学子在建筑道路上的启明灯"……他对年轻学子的影响，是一代又一代的。

他书里的上千张插图，都是他自己画的，每一张都融入了他旺盛的创作热情和精妙的表现技巧，既传授了设计理念，也展示了一种绘画艺术。这种做学问的态度，值得后人效仿。

陈瑛：为谷子而来

谷子从几千年前
就在中华大地上
一路生长着

那年那天
谷子遇见了她
她遇见了谷子
从此再也没有分开过

她用尽心力
让谷子更香更好
谷子拼着劲儿
长得更高更壮

农民站在地头笑了
她和谷子
谦逊地低着头
仍在努力

感谢共产党

1933年，陈瑛生于河南信阳。那时国家正处于内忧外患的年代，人民生活得很艰难，更何况她所在的那个小村子。

从小就体会了生计艰难的陈瑛，铆足了劲儿要用自己的努力改变命运，更想为老百姓做点事。上学后，她用功读书，把别人玩耍的时间都利用起来，与课本和作业相伴。

一路洒下的汗水铺就了求学路，1956年，陈瑛考上了山西农学院。从此，她在山西扎下了根。

几十年来，陈瑛一心扑在农业科研上，致力于谷子育种。她说："我一生都感谢中国共产党，是党造就了我，我要永远跟党走。"她从未忘记，是共产党建立了中华人民共和国，让他们这样的科研人能专心从事自己的研究，也是党和国家给了她那么多荣誉，虽然她并不看重那些荣誉，有的甚至连名称都没记住。她只是热爱农业科研，真心想育出好种子。

86岁的时候，陈瑛获得了庆祝中华人民共和国成立70周年纪念章，她说："感谢党和国家对我的肯定，我会发挥余热，继续为谷子育种奉献力量。老百姓愿意种我培育的谷子，听他们跟我说这个谷子卖得好，这个小米煮的粥好喝，我就浑身充满力量！"

感谢谷子

1960年从山西农学院毕业后，陈瑛被分配到山西省农科院，从事花生和向日葵育种工作，1962年调到经济作物研究所。第二年成立了谷子科研课题组，她就开始搞谷子育种，陆陆续续培育了十几个优良种子，在抗瘟、抗旱等方面都有所突破，仅"晋谷21号"就种植于全国10多个省份。高产谷子给农民带来了效益，更给陈瑛带来了信心和喜悦。

刚开始时，并没有很顺利，单位里连种子资源和参考资料都没有。为了收集第一手资料，陈瑛和同事们用双脚量过沟沟坎坎，走过无数田间地头。鞋子磨破了，腿也累肿了，回到实验室，还要做各种实验。

他们从选单穗开始，将从大田里选出的优异单株和变异株对比试验，征集储备最初的谷子资源。

可是，好种子就是培育不出来。看来还得尝试新的方法。

1972年，陈瑛和同事尝试辐射育种，想着能大功告成。谁知辐射后的种子要么畸变，要么干脆不出苗，真是急人。

陈瑛没有气馁，她认定了的路就不会回头，她知道方向是对的。果然，在她锲而不舍的坚持下，经过反复试验，"晋谷21号"的雏形"75-2γ-1"被培育出来了！

这个谷子种出来，好吃，还高产，成了当地的主打品种。

谁知半途又生了变化。3年后，陈瑛发现它竟然容易感染谷子白发病，区域试验只能暂时停止。

陈瑛很难过，这个谷子这么好，就要放弃吗？恰巧当时所里举办农民技术员培训，给每位学员发了几斤种子，请他们回去试种。

没想到，这个谷子碾出的小米太好吃了，汾阳良种场自发种植了两万亩，老百姓更是喜欢种这个谷子。

1979年，陈瑛去农村调研时发现，高产抗旱的"晋谷10号"老百姓很少种，反而种"75-2γ-1"的很多。这可真是怪事，难道种地不是为了多收粮食吗？

老百姓众口一词，让陈瑛的疑惑有了答案——"这个谷子种出来好吃啊"！

哎呀！这太激励人了，给了陈瑛莫大的鼓励。她说什么也不肯放弃"晋谷21号"了，要想方设法去改善，进行新的研究。干旱的黄土地上，谷子却能在上面长出果实，谷子都没畏难放弃，她又怎么肯放弃呢？

经过几年不间断的更新换代的试验后，谷子白发病终于被克服了。

陈瑛开始申请山西省新品种区域试验，开始时因为没达到省级10%的审定标准而失败。她的倔脾气上来了，背着谷子就去了山西省种子公司，再去争取机会。直到1991年，"晋谷21号"才通过了

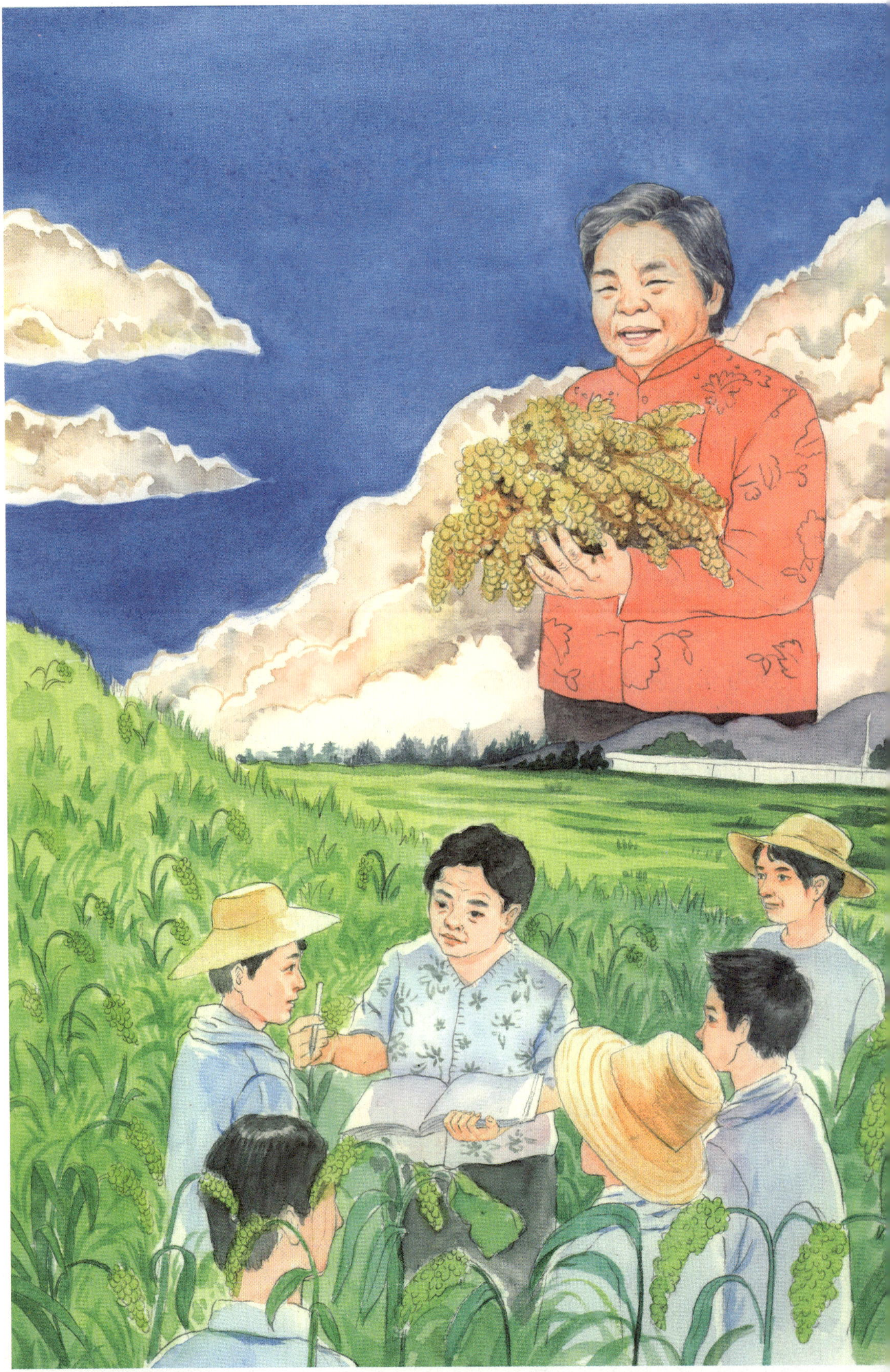

审定。经过 19 年的波折，这一结果来得着实不容易。

感谢老百姓

谷瘟病是减产的最大原因，1964 年，课题组开始进行谷子系统选育试验，确定耐旱、高产、抗病的育种目标。十几年艰辛努力，陈瑛主持育成了抗谷瘟病的"晋谷 6 号"和早熟品种"晋谷 11 号"。

不光为了高产，还要更有营养，口感也要更好。陈瑛深知自己身上的担子很重，她并没有一刻停歇。老百姓愿意种陈瑛培育出来的种子，这支撑她继续研究下去，培育出更多优良品种。

有了"晋谷 21 号"这样优良的品种，怎么转化呢，让它造福于民是陈瑛当时最大的心愿。

1992 年，陈瑛和同事试着自己加工小米，她亲自把关每道工序，带着小米去商场推销。好的品质能引来好的市场，这款金黄香浓的小米受到了消费者的青睐，"汾州香"的名头一炮打响。

陈瑛开始大力推广，"晋谷 21 号"在首届中国农业博览会参展的 36 个谷子品种中，夺得魁首。

陈瑛却把设备交给了单位，以这些设备为基础，后来建成了"汾州香"米厂。陈瑛作为技术顾问，为基地建设和生产质量把关，深入种植基地进行指导。"晋谷 21 号"的育成及"汾州香"小米的开发利用，带动了山西乃至全国优质小米产业化的发展。

陈瑛说她感谢老百姓的信任，老百姓的需求就是她的目标，她为此才不倦地耕耘在育种领域里。她有一个心愿，希望能为谷子育种做出更大的贡献，能看到他们团队培育的优质高产的谷子品种种遍祖国的大地，让更多的老百姓喝上香浓美味的小米粥。

感谢黄土地

几十年来,陈瑛始终没有离开这片黄土地,而这片土地,也给了她丰厚的回报。她先后主持育成十几个新品种,4个通过国家级审定,10个通过省级审定,成为西北黄土丘陵地区的主栽品种。"塞上小金米"填补了山西省高寒地区优质小米开发的空白。

种子是有周期的,大部分都是10年左右,但至今,"晋谷21号"已风行种植二十多年了,仍然广受欢迎,这也给了陈瑛继续提纯复壮的动力。

很多小米加工企业都把"晋谷21号"当原料,有的企业还把陈瑛的照片挂在顾问栏里,但根本就没见过她的面。有时别人问起顾问费,陈瑛笑着说"没收到过一分",对这些事并没有怨怼。

陈瑛对钱从来没有看重过,她的生活非常朴素,穿着和农民看不出区别。如果只看那个在田地里忙碌的身影,你会以为她是一个普通的农民,根本就不知道她是个科学家。

陈瑛一直热心肠,对种植户的疑难问题都会义务指导,耐心细致,不厌其烦。她愿意为老百姓种地增收献出自己的力量。

从开始考学,希望通过学习新技术为国家做贡献,到工作后一心一意培育新品种,为老百姓谋福利,陈瑛把自己这辈子的时光都奉献在了农田里。

90岁的陈瑛,还忙碌在试验田,最乐意去地里看谷子的长势,看到谷子心里就踏实。朝阳下的谷子穗粒饱满,陈瑛的脸上笑容灿烂。谷子,最懂她。她,最爱谷子。

欧阳自远：你好啊月亮

低头找矿
抬头望月
都为了国家的建设

月亮就在那里
召唤着他
期待着他

他从一块月岩

与月亮正式立盟
此后一生再未分开

嫦娥飞向月亮
那身姿美妙无比
他站在地上仰望
欣慰所付出的心血
把祖国的探月梦来实现

心向远方

夏夜的庭院里，中秋节的月光下，老祖母总会给我们讲述嫦娥奔月的故事，逗引得我们总想去月亮上摸摸那只可爱的小玉兔。月亮上真的有嫦娥吗？真的有"广寒宫"吗？

2015年10月，国际天文学联合会批准，"嫦娥三号"月球探测器着陆点周边区域命名为"广寒宫"。

古代中国人用浪漫瑰丽的想象为嫦娥在月亮上"虚拟"了一座广寒宫，现代中国人通过高科技在月球上"建造"成功。

1935年，欧阳自远出生在江西吉安。他曾说过，母亲生他的时候难产，当时舅舅在旁边的房间里读书，读到"有朋自远方来"时，他呱呱降生。舅舅说他出生这么艰难，肯定来自很远的地方，就叫"自远"吧。

父母本想家里的医药工作后继有人了，谁知欧阳自远却不喜欢医药，反而对夜空中眨着眼睛的星星和圆了又缺了的月亮，有着无限的好奇心。

茫茫宇宙藏着太多的奥秘了，欧阳自远非常想探究。

上了中学，欧阳自远加入了学校里的天文小组。高中毕业时，国家急需矿产资源方面的人才，欧阳自远没有报考他喜欢的天文学专业，而是因为那个"唤醒沉睡的高山，向祖国献出宝藏"的浪漫倡议，考入北京地质学院。

欧阳自远像那时候的很多热血青年一样，立志要为国找矿，为国家的建设贡献力量。

1957年，欧阳自远被录取为第一批中国科学院地质研究所矿床学研究生，研究课题为长江中下游的铜矿和铁矿的成因。

从小喜欢仰望星空的欧阳自远，从此踏上了低头找矿的道路。他和同学背着水和干粮，辛辛苦苦地在坑道里爬上爬下，钻进巷道里采样，再背出去。

每天都重复这样的工作，每天都背出一堆石头，他却乐此不疲。如果哪天有新的发现，他更是兴奋不已。

低头看石

可是，星星和月亮总是在夜里按时到来，悄悄地召唤着他。

苏联发射了人造卫星后，欧阳自远终于按捺不住对天文学从未放弃过的向往。他想换一个"广角镜头"来看地球，进入一个更广

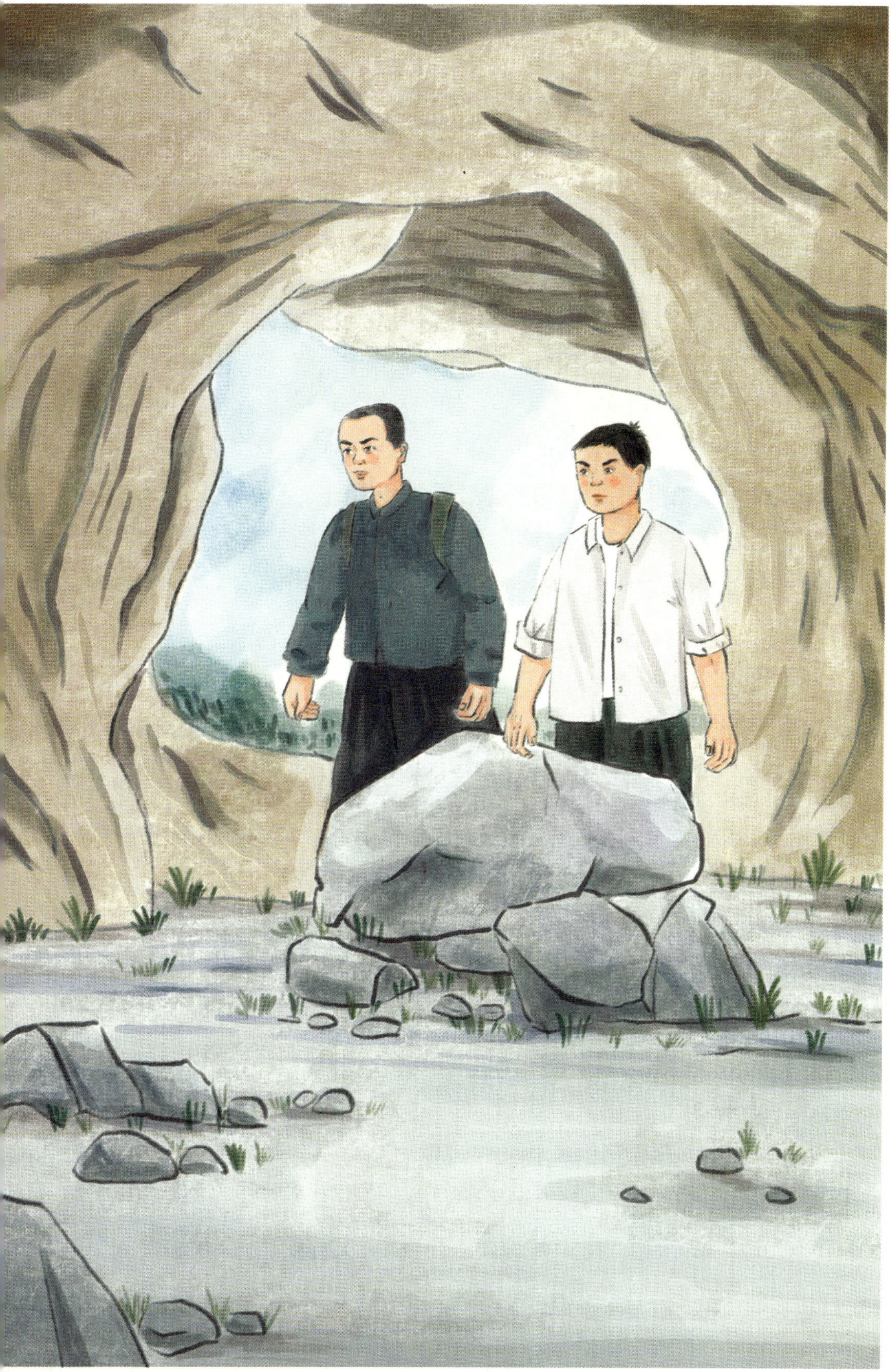

阔的空间去做研究。欧阳自远向中国科学院地质研究所所长侯德封提出想研究天体的想法，侯德封对这个年轻人新颖的思路表示肯定，并大大地鼓励了一番。欧阳自远开始了刻苦的自学：天文学、陨石学和空间科学等。

为了掌握第一手资料，他到处寻找"天上掉下来的石头"。

1960年，内蒙古真的掉下了一块石头，从遥远的太空而来的陨石，成了欧阳自远最初的研究资料。后来他说起当时的情景，依然难掩激动，"那个大火球轰隆隆地撞到地球上，其实重量还不到一公斤，过程却惊心动魄"。

欧阳自远听到哪里有陨石降落，就立刻赶过去考察，积累了很多珍贵的资料，他也成为我国陨石研究的领军人物。

那些"天外来客"震撼着他的心灵，让他不断从中发现新的问题。在吉林的陨石雨样品的研究中，他发现很多构成生命最基本的有机质，陨石里都有。在贵州收集到两块陨石，里面的物质是在非常特殊的环境中形成的。这些大大小小的陨石，充满了无穷的神秘力量。

可是月亮呢？月亮很着急：他到底什么时候才来探索月球呀？

就快了，就快了，你看他这不是迈开大步赶过来了吗？

抬头望月

1978年，美国总统卡特的安全事务顾问布热津斯基访问中国，送给中国一份稀罕的礼物——月球岩石样品，虽然重量只有1克，却在欧阳自远的心里引起了巨大的震动。

欧阳自远说，其实美国人送给我们月岩样品，也是在试探我们的测试能力和研究水平。在这样的压力和动力下，欧阳自远组织十几家研究所的科研人员，非常小心地提取了0.5克样品开始研究，剩下的一半送到北京天文馆，让人们一睹来自月球的神秘物质。

就那0.5克小到丁丁点儿的石头，他们经过共同努力，研究出了它的成分、结构等，确认了它是由"阿波罗17号"采集的，甚至确认了采集地点和所在地区是否有阳光照射等问题，做出了十几篇分量很重的科学论文。

这是欧阳自远跟月亮的第一次"亲密接触"。

但是多年来，我国的研究人员只能收集别人公开的资料，再进行研究，根本就见识不到核心数据。

1994年，欧阳自远正式向国家提出开展探月工程的计划，并多方面呼吁奔走。他记不清写了多少次报告，也记不清找了多少个部门，经过10年的艰苦论证，他写的探月科研报告通过了"863"计划专家组的审核。

2001年，欧阳自远提出了起点很高的月球探测方案，为了实现它而全力以赴。

欧阳自远把中国的探月工程规划为三个阶段：探、登、驻。先从无人月球探测开始，再进入载人阶段，最后是建设月球基地，创造可供航天员进行短期科学活动的条件。无人月球探测阶段分为绕月探测、落月探测和月球取样返回，分期进行。

2004年，中国首次绕月探测项目正式启动，欧阳自远被任命为首位首席科学家。2007年，"嫦娥一号"成功发射，它从西昌卫星发射中心冲出地球，飞行了206万公里，于13天后到达月球附近。

"嫦娥一号"累计飞行494天，圆满完成了各项探测任务，拍摄了当时世界上最完整最清晰的全月球影像图和三维立体高清图。重要的是，它是"中国人的全月图"。

2010年，"嫦娥二号"升空，对月球地形地貌做了详细探测。2013年，"嫦娥三号"成功实现了月球软着陆，完成着陆器、巡视器分离，开展了"观天、看地、测月"等科学探测任务。2018年，"嫦娥四号"升空，成功实施了人类首次软着陆月球背面。2020年，"嫦娥五号"着陆月面，取样并返回地球，首次完成月球轨道无人交会对接与样品转移动作。

欧阳自远认为，登月只是深空探测的第一步。将来，还要走得更远。他的目光从来没有离开过遥远的星空，他和无数科研工作者在这片领域探索了几十年，把祖国的探月梦变为现实。

钱七虎：守护地下长城

他有英雄虎胆
在地下筑起钢铁长城
祖国的每一寸土地
都要严密守护

他有拳拳之心
为国家的科技倾注心血
大爱无言
温暖世人

他隐名十六年
锻造护国之盾
他老骥伏枥
奔走在民生工程

这一生
他无怨，亦无悔

我听组织的

1937年10月，钱七虎出生在昆山一艘逃难的乌篷船上，排行第七。父亲希望他像老虎一样强壮，也希望他能有英雄虎胆，赶走日寇，给他取名为七虎。

后来他曾回忆起母亲说的，在那条小船上，母亲怕他的哭声引来日本兵，就一边捂着他的嘴，一边心疼得掉眼泪。在那样的情境里降生的小生命，或许就是为了保卫国家而来。

盼着他像小老虎一样成长的父亲，却没有看到他长大成人功成名就，在他7岁时就去世了，只给他留下一句"你好好读书，以后要有出息"的嘱托。从此，生活的重担落在母亲一个人身上，靠摆

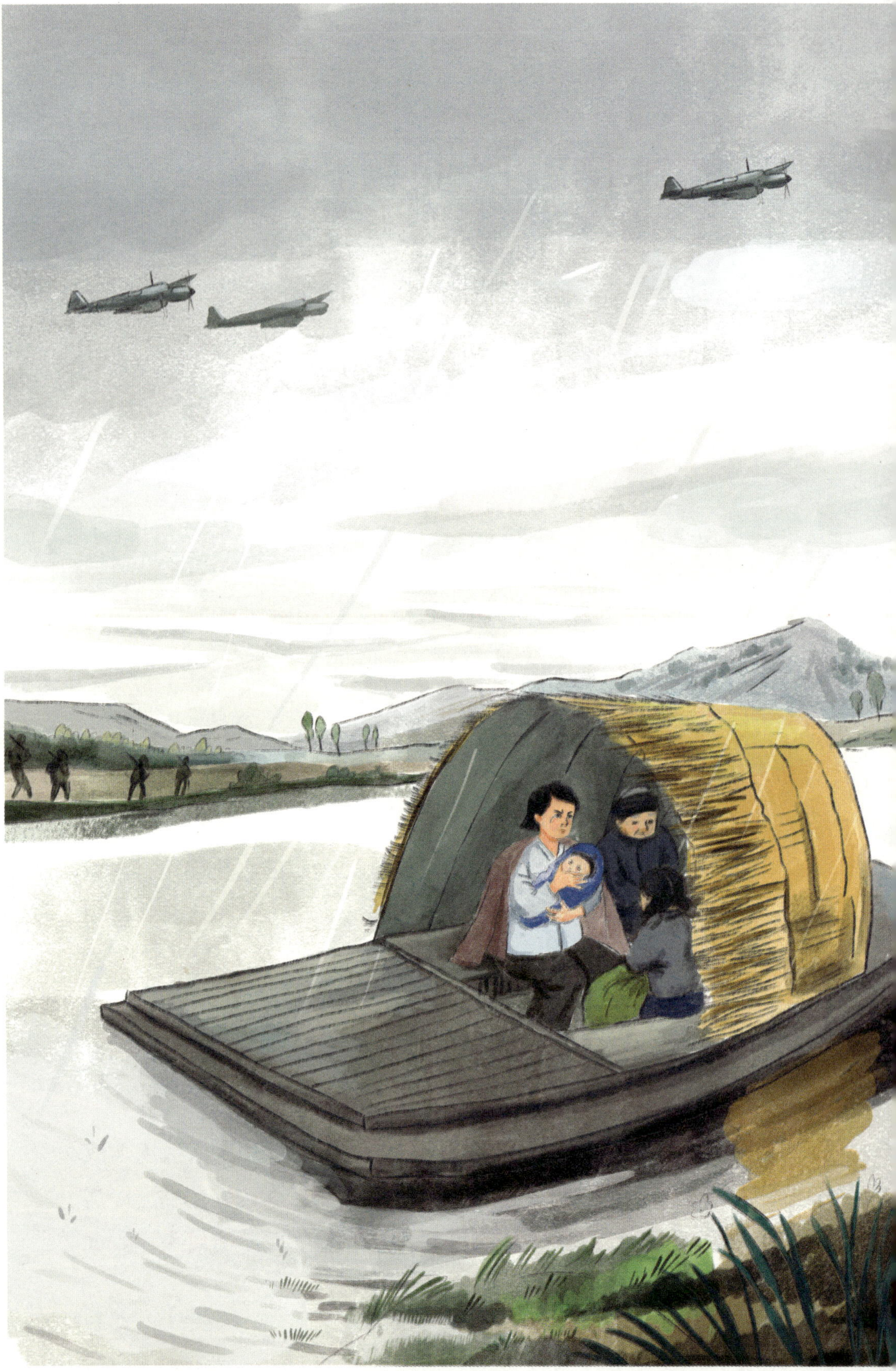

鱼摊勉强填饱一家人的肚子。

生活这么苦，母亲也没有忽略对钱七虎的教育。勤劳善良的母亲在言传身教中反复强调："一个人不能只想着自己好，要关心更多的人。"这种理念，对钱七虎有很大的影响。

幼小的钱七虎尝尽了生活的苦，更清楚地记得，日本兵进村抢粮食的情景。日本兵常去抢粮食，把村子搅得鸡犬不宁，把老百姓家里的粮食都抢走。"只有国家强大，才没有人敢欺负我们！"钱七虎深深明白，要学好本领，才能为国家做贡献。

懂得上学不易，钱七虎读书格外勤奋。高中毕业后，他响应国家号召，进入哈尔滨军事工程学院。哈尔滨军事工程学院有空军、海军、炮兵、装甲兵和工程兵5个系，其中工程兵是最不受学生待见的，说是"跟黄土打交道"。钱七虎却被分入了工程兵系，从那时起，他就与防护工程分不开了。

钱七虎一心扑在学业上，两耳不闻窗外事，双眼不观门前景。哈尔滨的冰灯，他一次也没看过；松花江的融冰，他也只是听说过。1960年，钱七虎以全年级唯一的全优成绩毕业，并被保送到苏联古比雪夫军事工程学院继续深造。他说："我这个乡下穷孩子，有书念，过上如今的好日子，全靠党和国家。组织叫我干啥我就干啥！"

我有任务

1965年，钱七虎学成归来，当时我国正面临着严峻的核威胁。虽然我国自主研发的第一颗原子弹已经试爆成功，但我们主张核和平，我国的基本战略是不首先使用核武器。

那怎么在对方第一波核弹攻击后保存各类武器，保护核反应设施，还有，怎么在可能到来的核战争中让更多民众活下来，成了亟待解决的问题。

刚回国的钱七虎正是防护工程方面的专家，相关工作也就当仁不让地落在了他的肩上。

核弹防护工程当时在我国尚属空白，各个环节都得从头摸索，属于国家高度机密。钱七虎遵守"上不告父母，下不告妻儿"的规定，只给家里留下一句"我有任务，走了"，别的什么都没说。

谁料这一走，就是16年。

另一批科学家已经制造出来锋利的"矛"——核弹，我们手中有了可以对抗的利器。还要做好对自己的保护，钱七虎他们的任务就是锻造坚固的"盾"。

每次核武器试爆成功，钱七虎便和队友们穿上防护服迅速进入核爆中心，勘察爆炸现场，收集关键信息。

当时生产飞机洞库的防护门的相关数据都是由人力计算的，很容易出现数值上的偏差，造成防护门形变。钱七虎独辟蹊径，要采用先进的有限元理论，使用计算机分析解决这一难题，但当时就连美国和苏联，都没有人能在研究中运用有限元理论。

生在逃难船上的钱七虎，从小就不畏难，更不会退缩。虽然有限元理论他也不懂，但他可以学啊！

钱七虎像上学时一样刻苦地学习计算机语言和程序，不懂的问题虚心请教，终于在尽量短的时间内掌握了这一项技能，娴熟地运用大型晶体管计算机和有限单元法进行工程计算，解决了控制大型防护门变形计算的难题。

只用了两年时间，他就带领团队设计出了当时抗力最高、跨度最大的防护门。

我是共产党员

作为陆军工程大学的教授，钱七虎带出了55名博士、40名博士后。而他的学生，如今也是导师，也带博士了。

那些已成为教授的学生，心疼钱七虎，怕他太过劳累，就提出由他们代讲一些基础课。

这可把钱七虎惹火了，他说："我们不搞代师授徒那一套，把青年人招进来就得全心全意地把人家培养出来。"发完一通火，他想到是学生心疼自己岁数大，不好意思地笑了，说自己身体还硬朗得很。

2019年，钱七虎将刚刚获得的国家最高科学技术奖的800万元奖金全部捐入"瑾晖慈善基金"，重点资助边远贫困地区的学生。

这个基金是钱七虎2013年设立的，他的善举却不是从2013年开始的，早在20世纪90年代，他就用自己的工资和奖金资助贫困学生和孤寡老人了。

"瑾晖慈善基金"中的"瑾"字来自钱七虎母亲的名字，"晖"是妻子的名字。他在困苦的童年和为国防科技事业拼搏期间，得到了母亲和妻子温暖的关爱，他也想把这种大爱送给别人。

江苏省也给了他与国家奖金等同的奖励。他拿出100万元成立奖学金，用于奖励年轻的科研人员，拿出50万元捐给母校上海中学。新冠疫情暴发时，钱七虎把剩余的650万元全部捐给武汉抗疫前线。

他说："前方需要大量的医疗设备和药物，需要建设方舱医院。我是共产党员，我宣过誓，要为共产主义奋斗终身，随时准备为党和人民牺牲一切。我人去不了前线，我的心要去。"

年近 90 岁时，钱七虎仍然奋斗在科研一线，他总觉得自己没学够，研究出一个问题，脑子里又会产生新的问题。总有那么多新的构想等着他去研究，等着他去实现。

港珠澳大桥、南水北调、西气东输等重大民生工程，都有钱七虎研究的助力，他还荣获过"南京长江隧道建设一等功臣"的称号。他率先提出要开发城市地下空间，并参与了国内几十座城市的地下空间规划。

钱七虎用全部智慧和心血，在地底下筑起钢铁长城。他一生都在为祖国的防护工程披荆斩棘，推动我国现代防护工程的发展。他始终牢记共产党员的使命，坚守保卫国家的事业，无怨无悔。

南仁东：看到宇宙的尽头

地球上有一只眼　　　　看得最远的国家
能看到宇宙深处
是他把那只眼来缔造　　没有盛名
　　　　　　　　　　　未得钱财
吃苦不算什么　　　　　从来到走
困难也不值一提　　　　他都低调而沉默
他一心只为　　　　　　但祖国不会忘记他
让中国成为世界上　　　我们也不会忘记他

心在星空

　　两千年前，屈原写下《天问》。这篇千古奇文，既是对自然宇宙的发问，也是对天地起源的追寻。人类一直向往着探索宇宙，对深邃的太空充满无穷的好奇心。随着现代科技的发展，人类在地球之外的领域小心翼翼地探寻。

　　1945年，南仁东出生于吉林辽源，从小就显露出过人的智慧，初中时，他曾连续六个学期荣获全校唯一的"学习标兵"奖状，是家长们眼中"别人家的孩子"。

　　南仁东兴趣十分广泛，他会画画，画得惟妙惟肖、栩栩如生。他会摄影，会自己洗照片，他竟然还会做衣服。

　　他喜欢看书，有过目不忘的本领，学习上能举一反三，具有很强的逻辑推理能力，解题又快又好。

南仁东最喜欢的，是在附近的山上看星星。放学后先写作业，吃了晚饭就可以去看星星啦！他躺在山顶上，星星闪耀在夜空中。一个小孩，无数颗星星，在晴朗的夜里互相对视。他说的什么，它们能听到吗？它们说了什么，他听到了吗？

他总是试图搞明白，地球的另一边，能看到什么样的星星？又想着怎样才能让人类的眼界更宽广一点，能看到远一点再远一点的宇宙深处。

高考时，南仁东以吉林省理科第一名的成绩被清华大学录取。他的志愿本来是建筑系，因为我国当时急需无线电方面的人才，他被调到了无线电专业。

南仁东非常不情愿。父亲对他说："国家少了一个建筑师，但是多了一个无线电科学家，不是更好吗？"生性豁达的南仁东也就释然了，投入了无线电专业的学习。

脚在实地

1968年，南仁东大学毕业后，进入吉林通化一家无线电厂工作。他研发过便携式小型收音机，研发过10千瓦电视发射机，还获得过吉林省工业设计第一名。

1977年恢复高考，南仁东考上了中国科学院研究生，攻读天体物理。能像小时候一样每天都看星星，并且有专业的仪器，看得更清楚，他却找不到那样的快乐了，他习惯了工厂里热热闹闹的生活。

南仁东收拾行李又回到了厂里。这可不得了，考上研究生却不读，哪行！家人、领导、同事等组成的劝学小分队轮番上场，南仁东只好回到了学校，但并不真的甘心。

老师与南仁东进行了一次长谈，跟他讲了世界天体物理学的现状，最重要的是告诉他，当今天文领域的四大发现，没有一项是中国人的。

这些话触动了这个热爱星星的孩子。南仁东终于真心想上学了，他要读书，他要学好本领，去攀登天体物理学的高峰。

他也真的喜欢上了天体物理，读了硕士，又读了博士。此时的南仁东，在天文学界已崭露头角，受到国外访问学习的邀请。他周游于各国的观景台，主持完成了世界范围内的十多次观测。

1993年，南仁东在参加国际无线电科学联盟大会时，对天文学家提出的多国联手建造大射电望远镜这一构想很有兴趣，马上向中国科学院建议把这个大射电望远镜建到中国。

可是，哪有那么容易！

南仁东详细写出了建造500米口径球面射电望远镜——也就是后来的"中国天眼"的建议书。但这只是一个概念而已，要"变现"还需要做很多事。

首先，是找一个合适的地方去承载这个"大家伙"。他请中国科学院遥感应用研究所的聂跃平帮忙寻找，可是选址的要求太苛刻了，"大坑"的形状不规则不行，大小不合适也不行，靠近居民区也不行，地下有溶洞或自然灾害多，那就更不行啦。

听完这么多这不行那不行后，聂跃平说贵州的喀斯特地貌能自动排水，适合放这个大望远镜。南仁东眼睛一亮，这非常可行呀！

南仁东和聂跃平带着团队走了很多很多的山，吃了很多很多的苦，南仁东在翻越山岭时还曾摔下去过。好在终于找到了合适的那个"大坑"。

他们找了 12 年。

既然这么费劲,那为什么非得找洼地呢?因为在平地上建造 500 米口径的球面射电望远镜,那工程量根本想都不敢想。

志在未来

项目还没有立项,就没有固定经费。

南仁东为钱想尽了办法,他初心不改,一门心思地要促成这一项目的实施。

直到 2007 年,"天眼"工程作为国家重大科技基础设施正式立项。这来之不易的结果啊,是多少年坚持守来的云开见月明。

作为首席科学家和总工程师,南仁东参与了"天眼"设计的每一个环节。小时候的各种特长,无线电厂里的积累,现在全用上了。他会的甚至比一般技工都多,不仅会车钳铆电焊,还能开山放炮,电镀和锻造也不在话下。喜欢建筑学的他,更会看图纸。

南仁东,与"天眼"互相成就着。

工程主体圈梁合龙那天,年近古稀的南仁东戴着安全帽在寒风中绕着圈奔跑,高兴得像个孩子。在可以眼见的将来,"天眼"就可以投入运行了。

但在"天眼"工程即将完工的时候,南仁东却检查出了癌症。他忍着剧烈的疼痛,坚持在现场。可是时间并没有善待他。他的遗言是,后事从简,不举办追悼仪式。

他悄悄地来了,他又悄悄地走了。可他为中国留下了这样一个震惊世界的项目,这是我国拥有自主产权、世界最大单口径、最灵

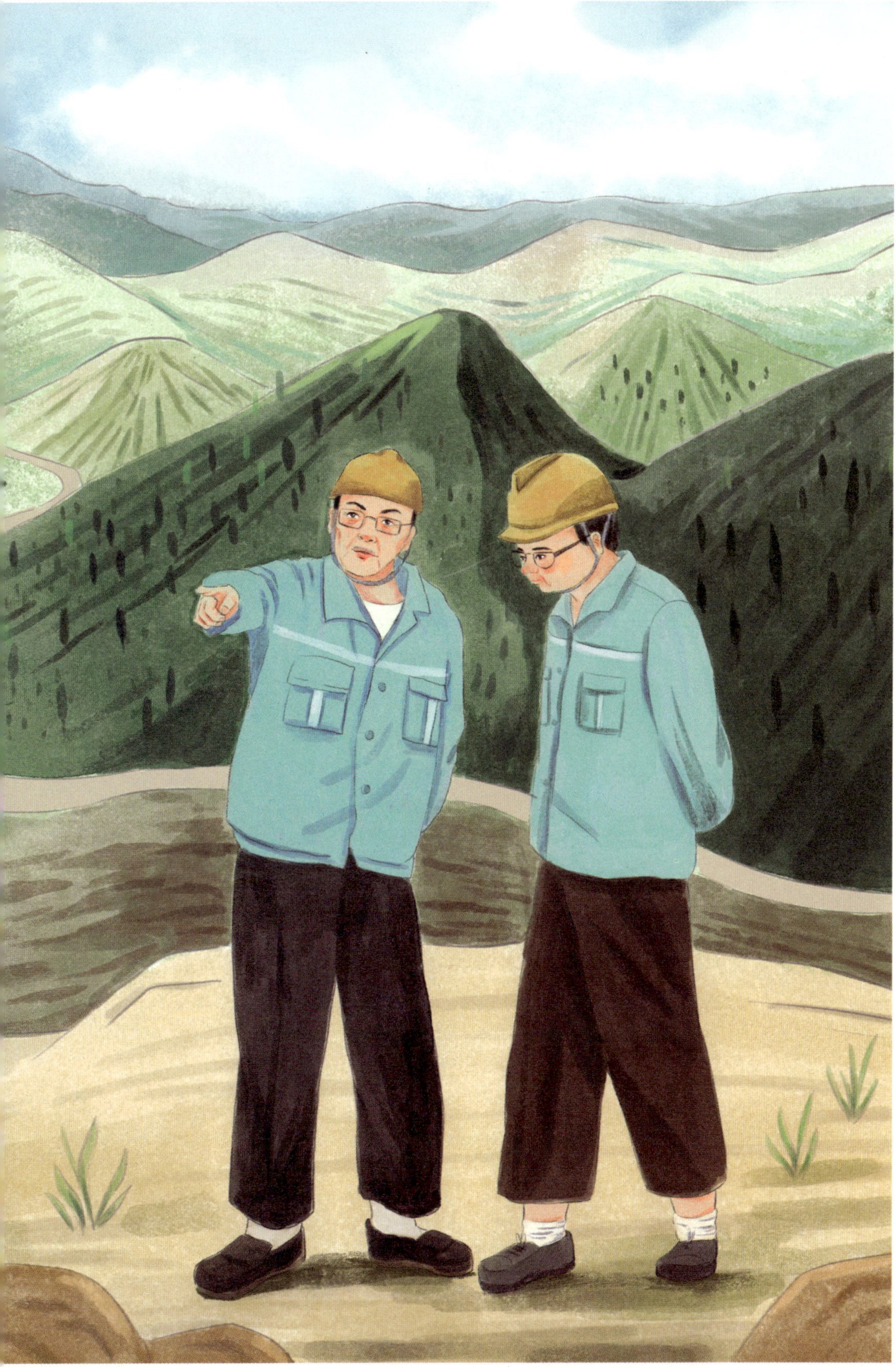

敏的射电望远镜。"天眼"的成功建成，让中国在这个领域领先世界20年，对中国的科技发展更是有着无法估量的意义。

"天眼"首次发现脉冲星是在2017年10月10日，南仁东曾经说过"脉冲星就像宇宙中的灯塔。由于它精准的规律性，脉冲星还被认为是宇宙中最精确的时钟"。

当然，"天眼"的功能绝不止寻找脉冲星。它将在基础研究例如在宇宙大尺度物理学、物质深层次机构和规律等领域，提供发现和突破的新机遇；它还将推动众多高科技领域的发展，提高原始创新能力、集成创新能力和引进消化吸收再创新能力。

南仁东说："在浩瀚的宇宙中，人的一生无论做过什么都微不足道。"他说他不愿让人们记住他，可是我们怎能忘记他？

秦大河：冰川就在那里

冰川不来他过去
一路向着冰川
一心爱着冰川

南极那么险
他用脚步去丈量
沿途采集的雪样
是他最宝贝的宝贝

这个最"富有"的人
他拥有着
南极最全的雪样

每一次出发
都有科学的光芒在前方
每一次征途
都肩负着国家的荣誉

踏进冰川世界

2022年，我国举办了冬奥会。那举办冬奥会的最重要条件是什么？就是大量的冰雪。2016年之前，中国造不出合格的冰状雪赛道，我国的冰雪运动员连训练场地都没有，要去国外训练。后来是谁造出来了呢？秦大河。

1947年，秦大河出生于甘肃兰州。他聪明但不调皮，老实而不木讷，是个学习好又乖巧的孩子，还比别人更刻苦。

中学要住校，他每个月都把父母寄给他的钱打理得清清楚楚，吃饭、买书本等，那么小的男孩子，竟然把自己的学习生活安排得那么好，养成了独立自主、勤俭节约的好习惯。

1965年，秦大河考入兰州大学，就读自然地理专业。他本来要报数学或物理专业，因为自然地理的考生少，他被调剂过去了。

偶然看到的一篇文章，让他感受到了中国冰川震撼人心的美丽和巨大的影响力，他突然发现，他喜欢冰川！

但直到1978年，秦大河才被调到中国科学院兰州冰川冻土研究所，同年7月，顺利通过研究生考试，成为兰州大学地理系李吉均教授的研究生。秦大河深受李教授的治学风格影响，每天都勤勤恳恳地做研究或写报告，绝不浪费时间。

在此之前，秦大河已经与冰川学家谢自楚建立了联系，第一次拜访谢自楚时，两个人就相谈甚契。在谢自楚的勉励和支持下，秦大河一直坚持自学。

1983年，秦大河第一次来到南极。那些影像里看过、梦里萦绕过的壮丽景色，真实地出现在眼前，他站在南极的地面上了！

实验研究很枯燥，取样更危险。南极地表全被冰雪覆盖，而取样时又是晚上，就经常会发生意外，掉进冰窟，滑入雪沟，都是常有的事。甚至有一次他还差点儿让大风卷走，多么惊险！可秦大河总觉得每一天都很精彩，总能有新的收获。

助力北京冬奥

中国申请举办北京冬奥会成功了，可是，中国没有冰状雪赛道呀！

虽然在国际上冬季冰雪运动是热点赛事，但我国的人造雪研究起步太晚，又因国外技术封锁，我们连赛道用雪的参数都不知道。

年已古稀的秦大河，挑起了重担。

太难了，一点儿参考资料也没有，更提不上技术借鉴。全得从头做起。秦大河就这样带领团队，一点一点地摸索。

零下20多摄氏度的实验区，他们每天要在里面待10多个小时，不停地研究、实验、修正，然后重新来一遍。

4年之后，他们终于成功造出了中国的人造雪。这项技术不但可以保证冬奥会顺利开幕，还能保护我国正在融化的冰川。

多么振奋人心啊，有了这项技术支持，我国的冰雪事业将会得到更加长久的发展。

但秦大河认为冰川研究有更大的意义："冰冻圈科学对冰雪冬奥固然重要，但是冰冻圈与社会经济可持续发展、生态环境保护等息息相关，还与国际关系、地缘政治等有密切关联。未来全球变暖，冰冻圈科学前途光明，大有可为！"

秦大河筹建了中国第一个冰芯实验室，通过他的雪样分析，中国对南极的认知飞速进展，从对南极研究的追赶者成为领跑者。

这项工作也并不是一蹴而就的。

那个时候，我国不但没有这样的实验室，连分析雪样的仪器也没有，他只好去法国的冰川实验室做这些分析测试。

但是以后呢？难道每次都去别人那里做分析测试？

当时我国的经济还没进入飞速发展的状态，科研经费本来就不多，建立实验室所需的费用简直就是天文数字。

好在转机来了，中国科学院院长周光召询问秦大河的研究进展，并且关切地问他有什么困难。秦大河说出了想要创建实验室的想法，小心翼翼地表示"想先要一台仪器"。

不久之后，一台价值165万元的质谱仪运到了冰川所，秦大河当时获得支持力度最大的科研课题是4万元，这台仪器的价格，大约是它的41倍。

这台"宝贝"要有个安安稳稳的"家"才踏实，可盖楼这事，就更不一般了。秦大河到处求人，能想的办法都要去试一试。从地块，到施工，在领导和工程老板的大力支持下，实验室大楼很快就盖好了。

楼盖得快，钱可还得慢，实验室的第一批博士都毕业了，欠工程队的钱还没有还完。

冰芯实验室建得不容易，但后来跃升为国家重点实验室。

穿越南极大陆

1989年，已经去过两次南极的秦大河，参加了国际徒步横穿南极科学考察队。队员由中国、美国、法国、苏联、英国、日本的6名队员组成，4位是职业探险家，只有秦大河和苏联队员是科学家。

220天，5968米，他们实现了人类历史上首次不借助机械手段横穿南极大陆的壮举。秦大河成为中国第一人。

秦大河得知将要进行这次活动时，立即就去申请。研究冰川本来就是他的专业，他此前已两赴南极，身体健康，外语过关，各项条件都符合，很顺利地获得了批准。

秦大河虽早有思想准备，但这次科考之行实在是过于凶险。能不能活着回来，他自己都不知道。此前已经有无数探险家，把生命留在了那茫茫雪域中。

可秦大河一定要去，这不但是他个人的科研追求，更是为国家的荣誉。

为做到万全准备，秦大河甚至拔了10颗牙齿。南极不具备任何医疗条件，如果牙齿出现问题不能吃东西，那将是致命的。医生建

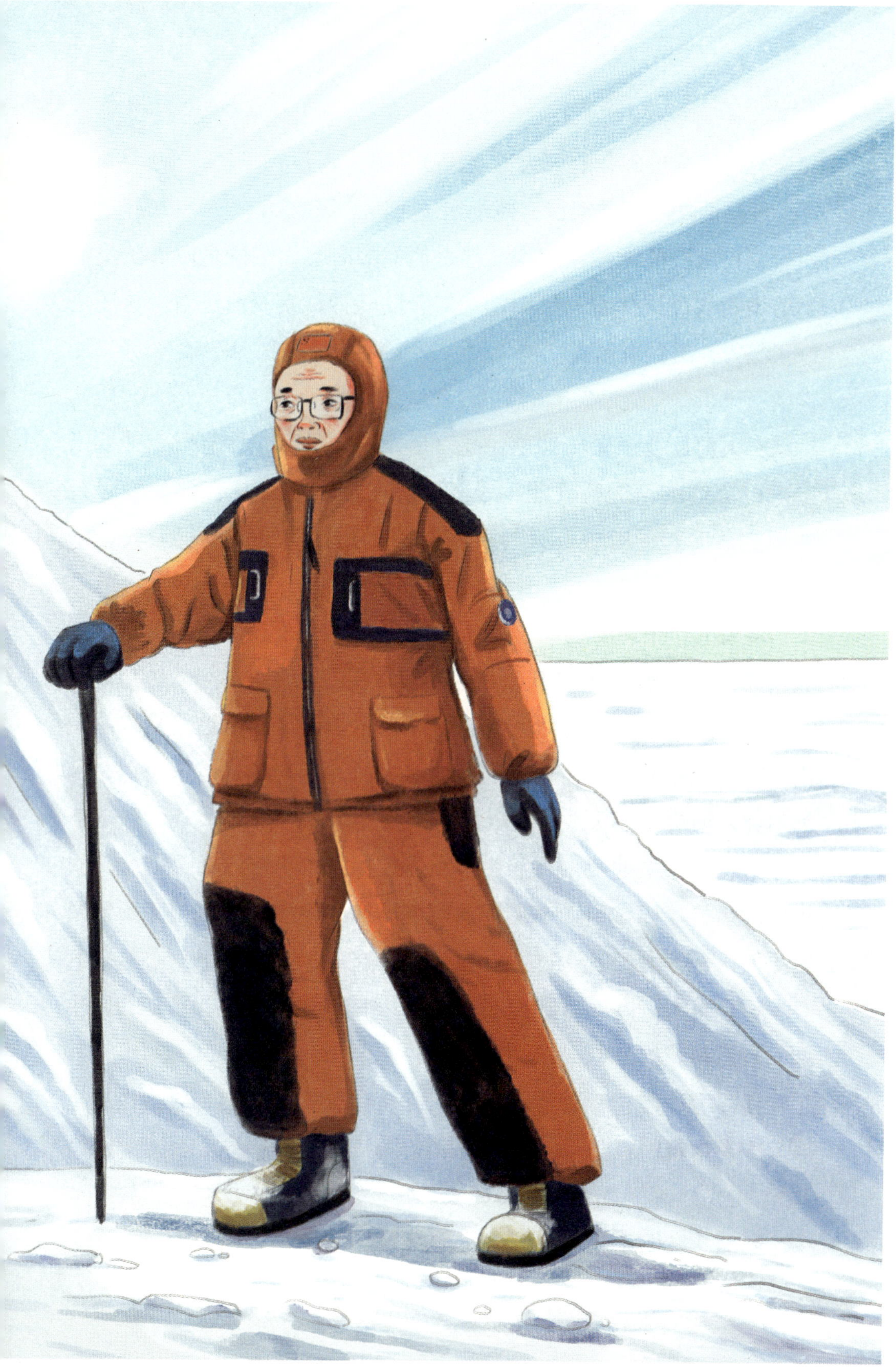

议所有可能会出问题的牙齿都要拔掉，秦大河没有一丝犹豫。

经过两次的行前集训，他们出发了。

遍布南极的冰隙、暗沟，都是他们随时会面临的危险。队员们小心地用雪杖试探着，集中起十二分的精神，慢慢前进着。这还是好天气时，遇到暴风雪，能见度一下子就降到了10多米，一天只能走两三千米。

秦大河还要多做一件事，扎营后别的队员都在休息时，他要出去挖一个雪坑，进行观测记录和雪样采集。哪怕是在那片最艰苦的地方，他都没有放弃采样，没有落下采样点，更没有遗失一个雪样。

南极的年平均温度是零下25摄氏度，但他们横穿必经的南极冰盖顶部，有过零下90摄氏度的世界最低温度纪录。

为了应对恶劣的自然条件，保障在冬季到来前抵达终点，队员们想方设法精简装备，轻装前行。秦大河的行李却是越来越重，因为沿途采集的雪样都是他绝对舍不得丢的珍宝。

为了尽量多地装上雪样，秦大河丢掉了备用衣服，还把枕头里也塞满雪样。要知道，在那样的极度严寒中，如果衣服湿了不能及时更换，是有生命危险的。

可是秦大河说："对于一个研究冰川的科学家来说，雪样如同生命一般重要。"

漫漫雪途中，秦大河采集了800多个珍贵的雪样，成为世界上唯一拥有南极地表一米以下全部冰雪标本的科学家。

创作手记

星星在闪着光

莫问天心

去年秋天,编辑王莹找我写这本书,但最后让我决定要写的,是我的孩子,她说她愿意看。那说不定很多孩子都愿意看,或者说,我也应该把一些不太被大众熟知的科学家,讲给孩子们听。

开始写得很艰难。我是写儿童诗出身,之后才写散文、小说、童话、儿歌什么的,没写过故事。

可既然答应了,就要写好。

我是山东人,从小吃馒头,也看大人种麦子,所以第一篇我写的李振声。初稿3000多字,孩子听得津津有味,听完了说:"妈妈,我喜欢,你写吧,我还想看别的。"

得到了肯定,那就继续写吧。但也不是很容易,要学习了解的东西真是太多了。当然在这个过程中,我也学到了以前从未接触过的知识,孩子也知道了很多科学家,经常问我他们的事,这也算是意外的收获吧。

在写到第几篇时,突然像透进了一束亮光,我找到感觉了!那些科学家像坐在我面前,跟我对话,陪着我写。原来是这样的,我可以通过自己的文字,把他们的故事这样讲给孩子们听。

我把之前写的那几篇重新过了一遍，接着认认真真地沿着这种感觉写下去，写完了正文部分。

而每一首诗，我同样用心去寻找切入点。每一个人都有自己的独特之处，我跟孩子说，这首诗只能写给这个人，放到另外一个人身上就不合适，这样才行。有时，我走在路上还在想该怎么写，诗里要体现什么呢。

其实这还不是最难的，最难的是写郭永怀的故事，太难了，写不了，完全写不了。一坐下来写，眼泪就哗哗地流。我是个特倔强的人，不肯跳过去先写别人，非得按着当时选人物的排序挨个儿写。

郭永怀这一篇用了好几天，才终于写完。那几天很痛苦，每天很痛苦地边哭边想尽力地写，当然也写不下。接孩子时，在路上想起郭永怀，眼泪也会流下来。

却更加坚定了我要好好写完这本书的决心。

我要好好地把这37位科学家写下来，把他们的故事讲给孩子们听。

科学的力量，国家的情怀，我想，用我的笔记录下来，让更多的孩子知道，那些为国为民奉献一生的人，那些可敬的人，他们从未远去，他们的精神会一直与星星同在。

感谢所有看这本书的小朋友和大朋友。